2016年度省级质量工程项目“会计密码解读”
（项目编号：2016mooc172）

会计学原理
专项练习

KUAIJIXUE YUANLI ZHUANXIANG LIANXI

许仁青　潘施琴◎编

安徽师范大学出版社
·芜湖·

图书在版编目(CIP)数据

会计学原理专项练习 / 许仁青,潘施琴编. — 芜湖:安徽师范大学出版社,2017.1

ISBN 978-7-5676-2691-1

Ⅰ.①会… Ⅱ.①许… ②潘… Ⅲ.①会计学-高等学校-习题集 Ⅳ.①F230-44

中国版本图书馆CIP数据核字(2016)第296674号

会计学原理专项练习　　许仁青　潘施琴　编

责任编辑:李　玲
装帧设计:润一文化
出版发行:安徽师范大学出版社
　　　　　芜湖市九华南路189号安徽师范大学花津校区
网　　址:http://www.ahnupress.com/
发 行 部:0553-3883578　5910327　5910310(传真)
印　　刷:安徽芜湖新华印务有限责任公司
版　　次:2017年1月第1版
　　　　　2017年1月第1次印刷
规　　格:700 mm ×1000 mm　1/16
印　　张:13.5
字　　数:260千
书　　号:ISBN 978-7-5676-2691-1
定　　价:35.80元

编写说明

本书是安徽师范大学校级及安徽师范大学经济管理学院院级精品课程《会计学原理》的建设成果之一，也是2016年度省级质量工程项目“会计密码解读”（项目编号：2016mooc172）的成果之一。我们选用的教材是李占国主编、高等教育出版社出版的《基础会计学（第二版）》，本书专项练习1～10是根据该教材体系编写的，属于其配套练习题。本书通过单项选择题、多项选择题、判断题、业务计算题和案例分析题等，让学生尽快掌握会计学原理的基本概念和基本理论，加深对理论教学内容的理解。针对某一具体会计核算方法，本书通过专项练习的方式，让学生熟练掌握会计核算方法的具体应用及技巧。

书稿源自我们在教学中已经使用多年的《会计学原理》习题集等，出版前结合近年的财税改革，进行了修订。本书共有三部分内容：

（1）专项练习；

（2）附录1：会计从业资格证考试用书各章专项练习；

（3）附录2：会计从业资格证考试模拟试题（共六套）。

本书由安徽师范大学经济管理学院许仁青、潘施琴编，其中，专项练习和附录1由许仁青编，附录2由潘施琴编。本书在编写过程中得到了2015级会计学（ACCA）班部分同学的帮助，在此表示衷心的感谢！

编　者

2016年11月

目　　录

专项练习

附录1:会计从业资格证考试用书各章专项练习

附录2：会计从业资格证考试模拟试题（共六套）

专项练习1　绪　论

一、单项选择题

1.近代会计史中的两个里程碑是(　　)。

A.帕乔利复式簿记著作的出版和会计职业的出现

B.生产活动中出现了剩余产品和会计萌芽阶段的产生

C.会计学基础理论的创立和会计理论与方法的逐渐分化

D.首次出现“会计”二字构词连用和设置了“司会”官职

2.会计的职能是(　　)。

A.一成不变的

B.随着生产关系的变更而发展

C.只有在社会主义制度下才能发展

D.随着社会的发展、技术的进步、经济关系的复杂化和管理理论的提高而不断变化

3.会计所使用的主要计量尺度是(　　)。

A.实物量度　　B.劳动量度

C.货币量度　　D.实物量度和货币量度

4.会计的基本职能是(　　)。

A.核算和管理　　B.控制和监督

C.核算和监督　　D.核算和分析

5.会计以货币为主要计量单位,通过确认、计量、记录、报告等环节,对特定主体的经济活动进行记账、算账、报账,为各有关方面提供会计信息的功能称为(　　)。

A.会计控制职能　　B.会计预测职能

C.会计核算职能　　D.会计监督职能

6.会计人员在进行会计核算的同时,对特定主体经济活动的真实性、合法性和合理性进行审查,称为(　　)。

A.会计控制　　B.会计核算

C.会计监督　　D.会计分析

7.下列关于会计的说法中,错误的是(　　)。

A.会计是一项经济管理活动

B.会计的主要工作是核算和监督

C.会计的对象针对的是某一主体平时所发生的经济活动

D.货币是会计唯一的计量单位

8.会计的一般对象可以概括为(　　)。

A.经济活动　　B.再生产过程中的资金运动

C.生产活动　　D.管理活动

9.下列业务中,不属于会计核算范围的事项是(　　)。

A.用银行存款购买材料　　B.生产产品领用材料

C.企业自制材料入库　　D.与外企业签定购料合同

10.会计主体假设规定了会计核算的(　　)。

A.时间范围　　B.空间范围

C.期间费用范围　　D.成本开支范围

11.下列原则中,不属于信息质量要求的原则是(　　)。

A.可理解原则　　B.可比性原则

C.配比原则　　D.相关性原则

12.建立货币计量假设的基础是(　　)。

A.币值变动　　B.人民币

C.记账本位币　　D.币值不变

13.将企业资产和负债区分为流动和长期的前提是(　　)。

A.会计主体　　B.持续经营

C.会计分期　　D.货币计量

14.对应收账款在会计期末提取坏账准备金这一做法体现的原则是(　　)。

A.配比原则　　B.重要性原则

C.谨慎性原则　　D.客观性原则

15.会计对各单位经济活动进行核算时,选作统一计量标准的是(　　)。

A.劳动量度　　B.货币量度

C.实物量度　　D.其他量度

16.存货价格持续上涨时,下列计价方法中符合谨慎性原则的是(　　)。

A.先进先出法　　B.后进先出法

C.加权平均法　　D.先进后出法

17.进行会计核算提供的信息应当以实际发生的经济业务为依据,如实反映财务状况和经营成果,这符合(　　)。

A.历史成本原则　　B.配比原则

C.可靠性原则　　D.可比性原则

18.企业的会计期间是(　　)。

A.自然形成的　　B.人为划分的

C.一个周转过程　　D.营业年度

19.会计核算的最终环节是(　　)。

A.确认　　B.计量

C.计算　　D.报告

20.下列各项中,不属于谨慎性原则要求的是(　　)。

A.资产计价时从低　　B.利润估计时从高

C.不预计任何可能发生的收益　　D.负债估计时从高

21.投资人投入的资金和债权人投入的资金投入企业后,形成企业的(　　)。

A.成本　　B.费用

C.资产　　D.负债

22.会计核算过程中,会计处理方法前后各期(　　)。

A.应当一致,不得随意变更　　B.可以变动,但须经过批准

C.可以任意变动　　D.应当一致,不得变动

23.在会计核算的基本前提中,界定会计工作和会计信息的空间范围的是(　　)。

A.会计主体　　B.持续经营

C.会计期间　　D.货币计量

24.持续经营是建立在(　　)基础上的。

A.会计主体　　B.权责发生制原则

C.会计分期　　D.货币计量

25.会计分期是建立在(　　)基础上的。

A.会计主体　　B.持续经营

C.权责发生制原则　　D.货币计量

二、多项选择题

1.会计核算的基本前提包括(　　)。

A.会计主体　　B.持续经营
C.会计分期　　D.货币计量
E.记账本位币

2.下列各项中,可以作为会计核算采用的计量尺度有(　　)。
A.货币量度　　B.实物量度
C.劳动量度　　D.价值指标
E.会计计量

3.会计主体前提条件解决并确定了(　　)。
A.会计核算的空间范围　　B.会计核算的时间范围
C.会计核算的计量问题　　D.会计为谁记账问题
E.会计核算的标准质量问题

4.下列属于会计信息质量要求原则的是(　　)。
A.可靠性原则　　B.可比性原则
C.相关性原则　　D.谨慎性原则
E.及时性原则

5.按权责发生制原则要求,下列收入或费用应归属本期的是(　　)。
A.对方暂欠的本期销售产品的收入
B.预付明年的保险费
C.本月收回的上月销售产品的货款
D.尚未付款的本月借款利息
E.摊销前期已付款的报纸杂志费

6.可比性原则强调的一致是指(　　)。
A.会计处理方法一致　　B.企业前后期一致
C.会计指标计算口径一致　　D.横向企业间一致
E.收入和费用一致

7.会计的目标就是为有关方面提供有用的信息。对于企业来说,会计提供的信息应当(　　)。
A.符合国家宏观经济管理的要求
B.满足各方了解企业财务状况和经营成果的需要
C.满足企业内部经营管理的需要
D.提供企业成本核算资料
E.以上都不对

8.根据谨慎性原则的要求,对企业可能发生的损失和费用做出合理预计,通常的做法有(　　)。

A.对应收账款计提坏账准备　　B.固定资产加速折旧

C.对财产物资按历史成本计价　　D.存货计价采用后进先出法

E.对长期投资提取跌价准备

9.我国《企业会计准则》规定,会计期间分为(　　)。

A.年度　　B.半年度

C.季度　　D.月度

10.会计核算的特点包括(　　)。

A.准确性　　B.完整性

C.连续性　　D.系统性

三、判断题

1.会计主体是指企业法人。(　　)

2.会计计量单位只有一种,即货币计量。(　　)

3.我国所有企业的会计核算都必须以人民币作为记账本位币。(　　)

4.谨慎性原则要求会计核算工作中做到不夸大企业资产、不虚增企业费用。(　　)

5.会计核算必须以实际发生的经济业务及证明经济业务发生的合法性凭证为依据,表明会计核算应当遵循可靠性原则。(　　)

6.企业选择一种不导致虚增资产、多计利润的做法,所遵循的是会计的实质重于形式原则。(　　)

7.可比性原则是指会计处理方法在不同企业应当一致,不得随意变更。(　　)

8.会计主体必须是法律主体。(　　)

9.企业会计的对象就是企业的资金运动。(　　)

10.资金的退出指的是资金离开本企业,退出资金的循环与周转,主要包括提取盈余公积、偿还各项债务、上交各项税金以及向所有者分配利润等。(　　)

※参考答案:

一、单项选择题

1～5.ADCCC　6～10.CDBDB　11～15.CDBCB　16～20.BCBDB

21～25.CAAAB

二、多项选择题

1.ABCD 2.ABC 3.AD 4.ABCDE 5.ADE 6.ACD 7.ABC

8.ABDE 9.ABCD 10.BCD

三、判断题

1~5.×××√√ 6~10.×××√√

专项练习2　会计要素与会计等式

一、单项选择题

1.编制资产负债表的理论依据是(　　)。

A.复式记账法的记账规则　　B.复式记账法的试算平衡公式

C.会计恒等式　　D.总账、明细账的平行登记

2.企业所拥有的资产从财产权利归属来看,一部分属于投资者,另一部分属于(　　)。

A.债权人　　B.企业职工

C.债务人　　D.企业法人

3.下列业务只引起等式“资产=负债+所有者权益”左边变动的是(　　)。

A.支付本月水电费　　B.赊账购买固定资产

C.用银行存款购买原材料　　D.收到投资者投入的货币资金

4.引起资产和所有者权益同时增加的是(　　)。

A.向银行借入款项　　B.赊购一批原材料

C.收到其他公司赊欠的货款　　D.销售商品收到货款

5.下列哪种情况资产和所有者权益同增(　　)。

A.收到银行借款并存入银行

B.收到投资者投入作为出资的原材料

C.以转账支票归还长期借款

D.提取盈余公积

6.一个企业的资产总额与权益总额(　　)。

A.必然相等　　B.有时相等

C.不会相等　　D.只有在期末时相等

7.一个企业的资产总额与所有者权益总额(　　)。

A.必然相等　　B.有时相等

C.不会相等　　D.只在期末时相等

8.一项资产增加、一项负债增加的经济业务发生后,都会使资产与权益原来的总额 (　　)。

A.发生同增的变动　　B.发生同减的变动

C.不会变动　　D.发生不等额的变动

9.企业收入的发生往往会引起(　　)。

A.资产增加　　B.资产减少

C.负债增加　　D.所有者权益减少

10.企业费用的发生往往会引起(　　)。

A.资产增加　　B.资产减少

C.负债减少　　D.所有者权益增加

11.一项资产增加,不可能引起(　　)。

A.另一项资产减少　　B.一项负债增加

C.一项所有者权益增加　　D.一项负债减少

12.下列属于所有者权益要素的是(　　)。

A.银行存款　　B.固定资产

C.长期借款　　D.实收资本

13.企业权益总额为50万元,收到之前赊销应收的款项6万元存入银行之后,企业的资产总额为(　　)。

A.44万元　　B.50万元

C.56万元　　D.62万元

14.某企业6月初的资产总额为60 000元,负债总额为25 000元。6月期间取得收入28 000元,发生费用18 000元,则6月末该企业的所有者权益总额为(　　)元。

A.35 000　　B.85 000

C.45 000　　D.10 000

15.企业年初资产总额为226 000元,负债总额为48 000元,本年度取得收入89 000元,发生费用93 000元,月末负债总额为50 000元,则年末资产总额为(　　)元。

A.224 000　　B.222 000

C.228 000　　D.231 000

16.企业月初资产总额为400万元,本月发生下列经济业务:①赊购材料费用10万元;②用银行存款偿还短期借款20万元;③收到购货单位偿还欠款15万元并存入银行,则该企业月末资产总额为(　　)万元。

A.410　　B.390

C.395　　D.405

17.下列不属于反映企业财务状况的会计要素的是(　　)。

A.资产　　B.负债

C.所有者权益　　D.利润

18.投资人投入的资金和债权人投入的资金投入企业后,形成企业的(　　)。

A.成本　　B.费用

C.资产　　D.负债

19.下列属于企业资产的是(　　)。

A.应付账款　　B.融资租入的设备

C.预收账款　　D.即将购入的原材料

20.下列属于企业流动资产的是(　　)。

A.预收账款　　B.累计折旧

C.预付账款　　D.无形资产

21.属于流动负债的是(　　)。

A.预收账款　　B.应收账款

C.应收票据　　D.应付债券

22.下列不属于流动负债的是(　　)。

A.应付账款

B.预付账款

C.在1年内的一个营业周期内偿还的债务

D.将于1年内到期的长期借款

23.下列不属于所有者权益的是(　　)。

A.实收资本　　B.资本公积

C.盈余公积　　D.营业利润

24.下列说法不正确的是(　　)。

A.所有者权益是指企业所有者在企业资产中享有的经济利益

B.所有者权益的金额等于资产减去负债后的余额

C.所有者权益也称为净资产

D.所有者权益包括实收资本(或股本)、资本公积、盈余公积和留存收益等

25.下列说法正确的是(　　)。

A.收入是指在企业销售商品、提供劳务及让渡资产使用权等活动中形成的经济利益的总流入

B.所有者权益增加一定表明企业获得了收入

C.狭义的收入包括营业外收入

D.收入按照性质不同,分为销售商品收入、提供劳务收入和让渡资产使用权收入

26.下列不属于期间费用的是(　　)。

A.管理费用　　　　B.制造费用

C.销售费用　　　　D.财务费用

27.下列属于会计的基本等式的是(　　)。

A.资产=负债+所有者权益

B.资产=负债+所有者权益+(收入-费用)

C.资产=负债+所有者权益+利润

D.收入-费用=利润

28.会计科目是对(　　)的具体内容进行分类核算的项目。

A.经济业　　　　B.会计主体

C.会计对象　　　　D.会计要素

29.会计账户是根据(　　)分别设置的。

A.会计对象　　　　B.会计要素

C.会计科目　　　　D.经济业务

30.下列账户中,属于资产类账户的是(　　)。

A.利润分配　　　　B.实收资本

C.累计折旧　　　　D.主要营业成本

31.负债类账户的余额反映的情况是(　　)。

A.资产的结存　　　　B.负债的结存情况

C.负债的增减变动　　　　D.负债的形成和偿付

32.下列会计科目中,属于损益类的是(　　)。

A.长期待摊费用　　　　B.应付利息

C.制造费用　　　　D.财务费用

33.会计科目与会计账户的本质区别在于(　　)。

A.反映的经济内容不同

B.记录资产和权益的内容不同

C.记录资产和权益的方法不同

D.会计账户有结构,而会计科目无结构

34.复式记账法对每项经济业务都以相等的金额在(　　)中进行登记。

A.一个账户　　B.两个账户

C.全部账户　　D.两个或两个以上的账户

35.负债及所有者权益类账户的期末余额一般在(　　)。

A.借方　　B.借方和贷方

C.贷方　　D.借方或贷方

36.所有者权益类账户的期末余额根据(　　)计算。

A.借方期末余额=借方期初余额+借方本期发生额-贷方本期发生额

B.借方期末余额=借方期初余额+贷方本期发生额-借方本期发生额

C.贷方期末余额=贷方期初余额+贷方本期发生额-借方本期发生额

D.贷方期末余额=贷方期初余额+借方本期发生额-贷方本期发生额

37.借贷记账法下的“借”表示(　　)。

A.费用增加　　B.负债增加

C.所有者权益增加　　D.收入增加

38.应收账款账户的期初余额为借方2 000元,本期借方发生额为8 000元,本期贷方发生额为6 000元,该账户的期末余额为(　　)。

A.借方4 000元　　B.贷方8 000元

C.负5 000元　　D.贷方5 000元

39.下列错误中,能够通过试算平衡查找的有(　　)。

A.重记经济业务　　B.漏记经济业务

C.借贷方向相反　　D.借贷金额不等

40.下列各项中,构成初次确认的关键性标准的是(　　)。

A.可计量性　　B.可定义性

C.相关性　　D.审慎性

二、多项选择题

1.“资产=负债+所有者权益”是(　　)。

A.设置账户的理论依据

B.总分类账户和明细分类账户平行登记的理论依据

C.复式记账的理论依据

D.反映企业资产归属关系的等式

E.编制资产负债表的理论依据

2.(　　)是正确的会计等式。

A.资产 = 权益

B.资产 = 负债 + 所有者权益

C.收入 − 费用 = 利润

D.资产 = 负债 + 所有者权益 +(收入 − 费用)

E.资产 + 负债 − 费用 = 所有者权益 + 收入

3.下列各项属于只引起会计等式左边会计要素变动的经济业务的是(   )。

A.购买材料800元,货款暂欠

B.从银行提取现金500元

C.购买机器一台,以存款支付100 000元价款

D.接受国家投资的2 000 000元

E.收到一批某外商捐赠货物,价值800 000元

4.有关会计要素变动情况,以下说法中正确的是(   )。

A.取得了收入,会表现为资产与收入同时增加

B.取得了费用,会表现为费用增加,资产减少

C.取得了收入,会表现为收入增加,负债同时减少

D.取得了费用,会表现为费用与负债同时增加

5.下列各项属于引起会计等式左右两边会计要素变动的经济业务的是(   )。

A.收到某单位前欠货款20 000元存入银行

B.以银行存款偿还银行借款

C.收到某单位投资机器一台,价值800 000元

D.以银行存款偿还前欠货款100 000元

E.购买材料8 000元,以存款支付货款

6.下列各项属于静态会计要素的是(   )。

A.资产　　B.收入

C.费用　　D.负债

E.所有者权益

7.下列各项属于动态会计要素的是(   )。

A.资产　　B.收入

C.费用　　D.利润

E.所有者权益

8.反映企业财务状况的会计要素有(   )。

A.资产　　B.收入

C.费用　　D.负债

E.所有者权益

9.反映企业经营成果的会计要素有(　　)。

A.资产　　B.收入

C.费用　　D.利润

E.所有者权益

10.下列关于会计要素之间关系的说法中,正确的是(　　)。

A.费用的发生,会引起资产的减少,或引起负债的增加

B.收入的取得,会引起资产的减少,或引起负债的增加

C.收入的取得,会引起资产的增加,或引起负债的减少

D.所有者权益的增加可能引起资产的增加,或引起费用的增加

E.以上说法都正确

11.下列业务不属于会计核算范围事项的是(　　)。

A.用银行存款购买材料　　B.编制财务计划

C.企业自制材料入库　　D.与外企业签定购料合同

E.产品完工验收入库

12.下列关于资产的特征说法中,正确的有(　　)。

A.必须为企业现在所拥有或控制

B.必须能用货币计量其价值

C.必须是用来转卖的财产

D.必须是有形的财产物资

E.必须具有能为企业带来经济利益服务的潜力

13.下列属于所有者权益的是(　　)。

A.投入资本　　B.资本公积金

C.盈余公积金　　D.未分配利润

E.银行借款

14.下列属于谨慎性原则要求的是(　　)。

A.资产计价时从低　　B.负债估计时从高

C.不预计任何可能发生的收益　　D.利润估计时从高

15.利润包括的内容有(　　)。

A.营业利润　　B.投资损失

C.营业外收支净额　　D.代收款项

16.收入的特点有(　　)。

A.可能带来资产增加　　B.可能使负债减少

C.一定会导致所有者权益的增加　　D.可能引起费用的减少

17.下列项目中,不属于所有者权益的是(　　)。

A.长期投资　　B.盈余公积

C.投资收益　　D.营业外收入

18.资产的特点有(　　)。

A.必须是有形的　　B.必须是企业所拥有的

C.必须给企业带来未来经济利益　　D.必须是经济资源

19.企业资金运动的动态表现的会计要素是(　　)。

A.资产　　B.费用

C.所有者权益　　D.利润

20.下列关于负债和所有者权益的说法中,正确的是(　　)。

A.负债是对内对外所承担的经济责任,企业负有偿还的义务

B.企业清算时,所有者权益具有优先清偿权

C.负债不能参与利润分配

D.所有者权益中的基本部分可以参与企业的利润分配

21.下列各项中,可对利润总额产生影响的是(　　)。

A.营业利润　　B.投资净收益

C.补贴收入　　D.营业外收支净额

22.下列各项属于资本公积的是(　　)。

A.股本溢价　　B.法定财产重估增值

C.股权投资准备　　D.拨款转入

23.下列会计要素反映经营成果的是(　　)。

A.收入　　B.费用

C.利润　　D.负债

24.下列经济业务中,会引起会计恒等式两边同时发生增减变动的是(　　)。

A.用银行存款偿还前欠应付货款　　B.购进材料未付款

C.从银行提取库存现金　　D.向银行借款,存入银行

25.下列经济业务中,引起资产一增一减的有(　　)。

A.以银行存款购买设备　　B.从银行提取库存现金

C.以银行存款购买材料　　D.以银行存款偿还前欠货款

26.账户哪一方记增加,哪一方记减少,取决于(　　)。

A.业务的性质　　B.所采用的记账方法
C.账户的性质和类型　　D.会计人员的分工

27.经济业务的四种类型包括(　　)。
A.引起资产与权益同时增加的业务
B.引起资产与权益同时减少的业务
C.引起资产内部项目有增有减,总额不变的业务
D.引起权益内部项目有增有减,总额不变的业务

28.会计账户基本结构各项金额间的关系可用(　　)表示。
A.期末余额=期初余额+本期增加发生额－本期减少发生额
B.期末余额－期初余额=本期增加发生额－本期减少发生额
C.期末余额－期初余额－本期增加发生额=本期减少发生额
D.期末余额+本期减少发生额=期初余额+本期增加发生额

29.复式记账法的优点包括(　　)。
A.进行试算平衡　　B.了解经济业务的来龙去脉
C.简化账簿登记工作　　D.检查账户记录的正确性

30.复式记账法是指对发生的每一笔经济业务都要(　　)进行登记的一种记账方法。
A.在同一会计期间内
B.以相等的金额
C.在相互联系的两个或两个以上的账户中
D.同时

31.试算平衡表中,试算平衡的公式有(　　)。
A.借方科目金额=贷方科目金额
B.借方期末余额=借方期初余额＋本期借方发生额－本期贷方发生额
C.全部账户的借方发生额合计=全部账户的贷方发生额合计
D.全部账户的借方余额合计=全部账户的贷方余额合计

32.下列项目中,属于期间费用账户的是(　　)。
A.销售费用　　B.制造费用
C.财务费用　　D.管理费用

33.下列项目中,属于损益类账户的是(　　)。
A.主营业务收入　　B.所得税费用
C.应交税费　　D.本年利润

34.下列账户中,期末结转后无余额的账户有(　　)。

A.实收资本　　B.主营业务成本

C.库存商品　　D.销售费用

三、判断题

1.“收入-费用=利润”是资金运动的静态恒等式。(　　)

2.资产=负债+所有者权益,等式左边代表资金的来源,是融资活动形成的,等式右边代表资金的使用和去向。(　　)

3.所有者权益又称为净资产、剩余权益。(　　)

4.在股份有限公司,所有者即股东,所有者权益称为股东权益,实收资本称为股本。(　　)

5.所有经济业务的发生,都会引起会计等式一边或者两边发生变化。(　　)

6.任何经济业务的发生都不会破坏会计等式的平衡关系。(　　)

7.“资产=权益”这一会计等式在任何时点上都是平衡的。(　　)

8.所有经济业务的发生,都会引起会计恒等式两边发生变化,但不破坏会计恒等式。(　　)

9.应收账款、预收账款、其他应收款均为资产。(　　)

10.资产是企业拥有的能以货币计量的经济资源。(　　)

11.“资产-负债=所有者权益”是资金运动的静态恒等式。(　　)

12.所有者权益是企业投资人对企业净资产的所有权,其大小由资产与负债两要素的大小共同决定。(　　)

13.会计科目明细可以根据企业内部管理的需要自行设定。(　　)

14.为了满足管理的需要,企业会计账户的设置越细越好。(　　)

15.账户的简单格式分为左右两方,其中,左方表示增加,右方表示减少。(　　)

16.所有会计账户都是根据会计科目开设的。(　　)

17.通过试算平衡检查账簿记录后,如果左右平衡就可以肯定记账没有错误。(　　)

18.在发生经济业务时,单式记账法只在一个账户中登记,复式记账法则在两个账户中登记。(　　)

19.复合会计分录是由几个简单会计分录合并而成的。(　　)

20.应收账款账户借方登记的是应收款项的增加数。(　　)

四、计算分析题

1.假设利华公司20X6年期初的资产和权益总额均为500万元,当期发生下列经济业务：

(1)从银行提取现金10 000元。

(2)接受投资者投入款项200 000元。

(3)用银行存款偿还长期借款100 000元。

(4)用资本公积转增资本50 000元。

要求：逐项说明上述经济业务对企业资产与权益总额有无影响，如有影响，说明影响的方向和金额。

2.利华公司20X6年12月31日的经济状况如下表(单位：元)：

项目	金额	资产	权益	
			负债	所有者权益
(1) 库存现金	600			
(2) 存放在银行的货币资金	95 000			
(3) 生产车间、厂房	280 000			
(4) 各种机器设备	330 000			
(5) 运输车辆	250 000			
(6) 库存产品	75 000			
(7) 车间正在加工的产品	86 500			
(8) 库存材料	85 000			
(9) 投资人投入的资本	800 000			
(10) 应付的购货款	142 000			
(11) 尚未交纳的税金	6 570			
(12) 向银行借入的短期借款	72 000			
(13) 应收产品的销货款	115 000			
(14) 采购员出差预借差旅费	2 000			
(15) 商标权	250 000			
(16) 发行的企业债券	317 000			
(17) 开办费支出	95 000			
(18) 盈余公积结余	68 530			
(19) 法定财产重估增值	126 000			
(20) 未分配利润	132 000			
合　计				

要求：根据上述资料确定资产、负债及所有者权益项目，并分别加计资产、负债及所有者权益金额和合计数，验证资产和权益是否相等。

五、案例题

20X6年9月，某制造企业发生以下经济业务：

(1)2日，预收销售货款6 000元，商品未发出。

(2)10日，售出商品计4 000元，货款尚未收到。

(3)12日，收到上月销货款4 200元。

(4)18日，预付下季度仓库租金1 000元。

(5)28日，支付本月水电费共4 000元。

要求：分析计算本企业20X6年9月的利润。

※参考答案：

一、单项选择题

1～5. CACDB　6～10. ABAAB　11～15. DDBCA　16～20. BDCBC

21～25. ABDDD　26～30. BADCC　31～35. BDDDC　36～40. CAADA

二、多项选择题

1. ACDE　2. ABCD　3. BC　4. ABCD　5. BCD　6. ADE　7. BCD

8. ADE　9. BCD　10. AC　11. BD　12. ABE　13. ABCD　14. ABC

15. ABC　16. ABC　17. ACD　18. CD　19. BD　20. ACD　21. ABCD

22. ABCD　23. ABC　24. ABD　25. ABC　26. BC　27. ABCD

28. ABD　29. ABD　30. BCD　31. CD　32. ACD　33. AB　34. BD

三、判断题

1～5. ×√√√√　6～10. √√××√　11～15. √√√××

16～20. √×××√

四、计算分析题

1. (1)从银行提现10 000元，则一项资产(现金)增加10 000元，而另一项资产(银行存款)减少10 000元，总资产不受影响。

(2)接受投资者投入款项200 000元，则资产(银行存款)增加200 000元，同时权益(所有者权益)增加200 000元，即资产与权益同时增加200 000元。

(3)用银行存款偿还长期借款100 000元，则资产(银行存款)减少100 000元，同时权益(负债)减少100 000元，即资产与权益同时减少100 000元。

(4)用资本公积转增资本50 000元,则一项权益(所有者权益)减少50 000元,而另一项权益(所有者权益)增加50 000元,总权益不受影响。

2.利华企业20X6年12月31日的资产、负债及所有者权益的状况表如下(单位:元):

项目	金额	资产	权益	
			负债	所有者权益
(1) 库存现金	600	600		
(2) 存放在银行的货币资金	95 000	95 000		
(3) 生产车间、厂房	280 000	280 000		
(4) 各种机器设备	330 000	330 000		
(5) 运输车辆	250 000	250 000		
(6) 库存产品	75 000	75 000		
(7) 车间正在加工的产品	86 500	86 500		
(8) 库存材料	85 000	85 000		
(9) 投资人投入的资本	800 000			800 000
(10) 应付的购货款	142 000		142 000	
(11) 尚未交纳的税金	6 570		6 570	
(12) 向银行借入的短期借款	72 000		72 000	
(13) 应收产品的销货款	115 000	115 000		
(14) 采购员出差预借差旅费	2 000	2 000		
(15) 商标权	250 000	250 000		
(16) 发行的企业债券	317 000		317 000	
(17) 开办费支出	95 000	95 000		
(18) 盈余公积结余	68 530			68 530
(19) 法定财产重估增值	126 000			126 000
(20) 未分配利润	132 000			132 000
合计		1 664 100	537 570	1 126 530

由上表可知,537 570 + 1 126 530=1 664 100,所以资产总额=负债 + 所有者权益。

五、案例题

该企业20X6年9月的利润计算如下表(单位:元):

核算项目	权责发生制下计算结果	收付实现制下计算结果
本期收入	（2）4 000	（1）6 000；（3）4 200
本期费用	（5）4 000	（4）1 000；（5）4 000
本期利润	4 000 − 4 000 = 0	（6 000 + 4 200）−（1 000 + 4 000）= 5 200

专项练习3　账户与复式记账

一、单项选择题

1.下列各会计要素中,(　　)不是反映财务状况的会计要素。

A.资产　　　　B.负债

C.收入　　　　D.所有者权益

2.下列各会计要素中,(　　)不属于所有者权益。

A.资本公积　　　　B.盈余公积

C.未分配利润　　　　D.累计折旧

3.下列方法中,不属于会计核算方法的有(　　)。

A.填制会计凭证　　　　B.登记会计账簿

C.编制财务预算　　　　D.编制会计报表

4.资金的循环与周转过程不包括(　　)。

A.供应过程　　　　B.生产过程

C.销售过程　　　　D.分配过程

5.下列经济业务中,(　　)不会发生。

A.资产增加,权益增加

B.资产减少,权益增加

C.权益不变,资产有增有减

D.资产不变,权益有增有减

6.下列各项中,不属于资产要素的是(　　)。

A.应收账款　　　　B.预收账款

C.债券　　　　D.专利权

7.负债是指由于过去交易或事项所引起的企业的(　　)。

A.过去义务　　　　B.现时义务

C.将来义务　　　　D.永久义务

8.下列各项中,属于所有者权益的是(　　)。

A.对外投资　　　　B.股票

C.法定财产重估增值　　　　D.对外捐赠

9.下列项目中,不属于收入范围的是(　　)。

A.商品销售收入　　B.劳务收入

C.租金收入　　D.代收款项

10.下列项目中,属于资本性支出的是(　　)。

A.购入办公用品　　B.发放职工工资

C.购入设备　　D.偿还长期借款

二、多项选择题

1.在收付实现制原则下,可以不设置的账户是(　　)。

A.待摊费用　　B.累计折旧

C.预收账款　　D.预提费用

E.预付账款

2.计提固定资产折旧时,与“累计折旧”账户对应的账户为(　　)。

A.生产成本　　B.制造费用

C.管理费用　　D.待摊费用

E.银行存款

3.期间费用一般包括(　　)。

A.财务费用　　B.管理费用

C.销售费用　　D.制造费用

E.待摊费用

4.借贷记账法的试算平衡包括(　　)。

A.发生额平衡法　　B.余额平衡法

C.会计分录平衡　　D.试算平衡表平衡

5.会计分录的要素有(　　)。

A.账户名称　　B.记账符号

C.记账金额　　D.会计凭证

6.在借贷记账法下,账户贷方登记(　　)。

A.资产减少　　B.负债增加

C.费用增加　　D.成本减少

E.权益增加

7.根据权责发生制原则,下列各项属于本年度收入的有(　　)。

A.本年度销售产品一批,货款下年初结算

B.收到上年度所销产品的货款

C.上年度已预收货款,本年度发出产品

D.本年度出租厂房,租金已于上年预收

E.本年度销售产品一批,收到货款并存入银行

8.一般来讲,所有者权益包括(　　)。

A.投入资本　　B.资本公积

C.盈余公积　　D.利润分配

E.未分配利润

9.下列错误中,不能通过试算平衡发现的有(　　)。

A.借贷方向相反　　B.某项经济业务未入账

C.借贷方等额多记　　D.借贷方等额少记

E.借方多记,贷方少记

10.在借贷记账法下,账户借方登记(　　)。

A.资产增加　　B.负债减少

C.费用增加　　D.成本增加

E.权益减少

三、判断题

1.借贷记账法大约产生于16世纪的英国。(　　)

2.记账方法,按记录方式不同,可分为单式记账法和借贷记账法。(　　)

3.借贷记账法的记账规则是:有借必有贷,借贷必相等。(　　)

4.总分类账户和明细分类账户平行登记的要点可概括为:登账依据相同、方向一致、金额相等。(　　)

5.借贷记账法的基本内容主要包括记账符号、账户设置、记账规则和试算平衡。(　　)

6.凡是余额在借方的都是资产类账户。(　　)

7.所有经济业务的发生都会引起会计等式两边发生变化。(　　)

8.借贷记账法下的"借""贷"二字,其本身是没有意义的。(　　)

9.账户是会计科目的名称,会计科目是根据账户开设的。(　　)

10.账户期末借方发生额合计数与贷方发生额合计数相等。(　　)

四、业务题

1.凯威公司20X6年3月各资产、负债和所有者权益账户期初余额如下(单位:元):

资产类		负债及所有者权益类	
账户	金额	账户	金额
库存现金	200	负债:	
银行存款	130 000	短期借款	580 000
应收账款	12 000	应付账款	16 500
生产成本	24 000	合计	596 500
原材料	30 000	所有者权益:	
其他应收款	300	实收资本	250 000
固定资产	650 000	合计	250 000
总计	846 500	总计	846 500

凯威公司3月发生下列经济业务(假设不考虑增值税):

(1)以银行存款6 000元偿还银行短期借款。

(2)收到外商投资100 000元,存入银行。

(3)以银行存款2 500元偿还前欠某工厂购货款。

(4)收到购货单位前欠货款3 000元,其中支票2 700元存入银行,另收现金300元。

(5)以银行短期借款20 000元购买设备一台。

(6)采购员预借差旅费800元,以现金付讫。

(7)购进材料一批,计价15 000元,以银行存款支付,材料验收入库。

(8)从银行提取现金500元,以备零星开支。

(9)生产车间生产产品领用一般材料,价值10 000元。

(10)收到某单位投入的设备一台,价值6 000元。

要求:

(1)根据借贷记账原理,分析确定凯威公司3月份各项经济业务应借、应贷账户的名称和金额,编成会计分录。

(2)开设各账户登记期初余额、本期发生额,结出期末余额,编制试算平衡表并进行试算平衡。

2.【资料】联合利华公司20X6年12月初有关总分类账户的余额如下(单位:元):

账户名称	金额
库存现金	300
银行存款	200 000
原材料	4 700
固定资产	160 000
生产成本	15 000
短期借款	10 000
应付账款	50 000
实收资本	320 000

该企业本月发生如下经济业务：

(1)收到投资者投入的货币资金投资200 000元，已存入银行。

(2)用银行存款购入不需要安装的设备一台，价款40 000元，增值税进项税额680元。

(3)购入材料一批，买价10 000元，运费500元，增值税进项税额1 755元，尚未支付。

(4)从银行提取现金2 000元。

(5)借入短期借款20 000元，已存入银行。

(6)用银行存款35 000元偿还应付账款。

(7)生产产品领用材料一批，价值12 000元。

(8)用银行存款30 000偿还短期借款。

要求：编制会计分录。

3.练习编制会计分录、过账、结账和试算平衡。

【资料】

(1)20X5年1月1日，许可和他的同学许焱租赁了一间商铺，合伙开办了一家销售户外运动服的商店，定名为“许可户外运动服装店”。他们把自己所拥有的90 000元(许可投资60 000元、许焱投资30 000元)资金存入企业开设的银行账户，并取得了90 000元的注册资本证明。

(2)20X5年1月5日，许可户外运动服装店从哥伦比亚服装公司购进商品，通过银行支付货款55 000元。

(3)20X5年1月8日，许可户外运动服装店从银行借入22 000元并存入开户银行;同时,又从双喜公司购进65 000元的商品,尚未支付。

(4)20X5年1月10日,许可户外运动服装店通过银行转账16 000元偿还前欠双喜公司的部分货款。

(5)20X5年1月13日,许可户外运动服装店向银行贷款15 000元直接偿还前欠双喜公司的货款。

(6)20X5年1月15日,双喜公司总裁李宁看好许可户外运动服装店的地段和许可的人品,认为该服装店发展潜力巨大,决定将许可户外运动服装店所欠的部分货款30 000元转为双喜公司对许可户外运动服装店的投资,已办好相关的法律手续并收到双喜公司出具的投资证明。

(7)20X5年1月20日,合伙人许焱由于特殊原因退出经营。由于许焱投入资本的期限较短,故退其投入的全部资本30 000元并通过银行转账。

(8)20X5年1月23日,由于许可的另外一个企业急需资金,许可抽出部分资金30 000元,该店账面因为银行存款不足约定下月月初支付。

(9)20X5年1月27日,许可户外运动服装店以84 000元的价格向雯雯服装店售出52 000元的商品服装,雯雯服装店通过银行转账支付50 000元,其余货款对方承诺下月支付。

(10)20X5年1月31日,为扩大经营,下月将有新的合伙人加入,现有的合伙人商定将未分配利润30 000元转为资本金。

(11)20X5年1月31日,许可户外运动服装店通过银行转账向双喜公司预付货款20 000元。

(12)20X5年1月31日,许可户外运动服装店通过银行收到小惠公司预付的购货款25 000元。

(13)结转1月份主营业务收入至本年利润账户。

(14)结转1月份主营业务成本至本年利润账户。

(15)结转1月份本年利润至利润分配——未分配利润账户。

(16)20X5年2月3日,销售商品,通过银行收到货款33 000元。

(17)20X5年2月3日,向小惠公司发出商品,售价为35 000元,货款扣除上月已预收的25 000元外,其余10 000元对方承诺下月支付。

(18)20X5年2月3日,用银行存款支付帅帅审计公司咨询费6 000元。

(19)20X5年2月3日,在相关媒体上进行产品广告宣传,应付广告费用22 000元,通过银行存款支付20 000元,其余2 000元暂欠。

(20)结转2月份主营业务收入至本年利润账户。

(21)结转2月份主营业务成本、管理费用和销售费用至本年利润账户。

(22)结转2月份本年利润至利润分配——未分配利润账户。

要求：

(1)根据上述(1)～(15)编制1月份的会计分录、登记"T"账户并过账、结账和编制试算平衡表。

(2)根据上述(16)～(22)编制2月份的会计分录，登记"T"账户并过账、结账和编制试算平衡表。

※参考答案：

一、单项选择题

1～5.CDCDB　6～10.BBCDC

二、多项选择题

1.ACDE　2.ABC　3.ABC　4.AB　5.ABC　6.ABDE　7.ACDE

8.ABCE　9.ABCD　10.ABCDE

三、判断题

1～5.×√√√√　6～10.×××××

四、业务题

1.会计分录如下：

(1)借：短期借款　　6 000

　　贷：银行存款　　6 000

(2)借：银行存款　　100 000

　　贷：实收资本　　100 000

(3)借：应付账款　　2 500

　　贷：银行存款　　2 500

(4)借：银行存款　　2 700

　　库存现金　　300

　　贷：应收账款　　3 000

(5)借：固定资产　　20 000

　　贷：短期借款　　20 000

(6)借：其他应收款　　800

　　贷：库存现金　　800

(7)借:原材料　　15 000
　　贷:银行存款　　15 000
(8)借:库存现金　　500
　　贷:银行存款　　500
(9)借:生产成本　　10 000
　　贷:原材料　　10 000
(10)借:固定资产　　6 000
　　贷:实收资本　　6 000
登记"T"账户(略)

总分类账户本期发生额及余额试算平衡表

单位:元

账户名称	期初余额		本期发生额		期末余额	
	借方	贷方	借方	贷方	借方	贷方
库存现金	200		800	800	200	
银行存款	130 000		102 700	24 000	208 700	
应收账款	12 000			3 000	9 000	
原材料	30 000		15 000	10 000	35 000	
其他应收款	300		800		1 100	
生产成本	24 000		10 000		34 000	
固定资产	650 000		26 000		676 000	
短期借款		580 000	6 000	20 000		594 000
应付账款		16 500	2 500			14 000
实收资本		25 000		106 000		356 000
合计	846 500	846 500	163 800	163 800	964 000	964 000

2.会计分录如下:
(1)借:银行存款　　200 000
　　贷:实收资本　　200 000
(2)借:固定资产　　40 000
　　应交税费——应交增值税(进项税额)　　680
　　贷:银行存款　　40 680
(3)借:原材料　　10 500
　　应交税费——应交增值税(进项税额)　　1 755
　　贷:应付账款　　12 255

(4)借:库存现金　　2 000
　　贷:银行存款　　2 000
(5)借:银行存款　　20 000
　　贷:短期借款　　20 000
(6)借:应付账款　　35 000
　　贷:银行存款　　35 000
(7)借:生产成本　　12 000
　　贷:原材料　　12 000
(8)借:短期借款　　30 000
　　贷:银行存款　　30 000

3.1月份的会计分录如下:

(1)借:银行存款　　90 000
　　贷:实收资本　　90 000
(2)借:库存商品　　55 000
　　贷:银行存款　　55 000
(3)
(3)-1
借:银行存款　　22 000
　贷:短期借款　　22 000
(3)-2
借:库存商品　　65 000
　贷:预付账款　　65 000
(4)借:应付账款　　16 000
　　贷:银行存款　　16 000
(5)借:应付账款　　15 000
　　贷:短期借款　　15 000
(6)借:应付账款　　30 000
　　贷:实收资本　　30 000
(7)借:实收资本　　30 000
　　贷:银行存款　　30 000
(8)借:实收资本　　30 000
　　贷:应付账款　　30 000

(9)

(9)-1

借:银行存款　　50 000

　应收账款　　34 000

　贷:主营业务收入　　84 000

(9)-2

借:主营业务成本　　52 000

　贷:库存商品　　52 000

(10)借:利润分配——未分配利润　　30 000

　　贷:实收资本　　30 000

(11)借:预收账款　　20 000

　　贷:银行存款　　20 000

(12)借:银行存款　　25 000

　　贷:预收账款　　25 000

(13)借:主营业务收入　　84 000

　　贷: 本年利润　　84 000

(14)借: 本年利润　　52 000

　　贷:主营业务成本　　52 000

(15)借:本年利润　　32 000

　　贷:利润分配——未分配利润　　32 000

1月份的试算平衡表如下:

许可户外运动服装店总分类账户余额及发生额试算平衡表

2016年1月31日　单位:元

总账科目	期初余额		本期发生额		期末余额	
	借方	贷方	借方	贷方	借方	贷方
银行存款			187 000	121 000	66 000	
应收账款			34 000		34 000	
库存商品			120 000	52 000	68 000	
短期借款				37 000		37 000
预付账款			20 000		20 000	
预收账款				25 000		25 000

续表

总账科目	期初余额		本期发生额		期末余额	
	借方	贷方	借方	贷方	借方	贷方
应付账款			61 000	95 000		34 000
主营业务收入			84 000	84 000		
主营业务成本			52 000	52 000		
本年利润			84 000	84 000		
利润分配——未分配利润			30 000	32 000		2 000
实收资本			60 000	150 000		90 000
合计			732 000	732 000	188 000	188 000

1月份"T"账户如下：

银行存款

借方		贷方	
(1)	90 000	(2)	55 000
(3)	22 000	(4)	16 000
(9)	50 000	(7)	30 000
(12)	25 000	(11)	20 000
本期发生额	187 000	本期发生额	121 000
期末余额	66 000		

实收资本

借方		贷方	
(7)	30 000	(1)	90 000
(8)	30 000	(6)	30 000
		(10)	30 000
本期发生额	60 000	本期发生额	150 000
		期末余额	90 000

库存商品

借方		贷方	
(2)	55 000	(9-2)	52 000
(3-2)	65 000		
本期发生额	120 000	本期发生额	52 000
期末余额	68 000		

短期借款

借方		贷方	
		(3)	22 000
		(5)	15 000
		本期发生额	37 000
		期末余额	37 000

应付账款

借方		贷方	
(4)	16 000	(3-2)	84 000
(5)	15 000	(8)	30 000
(6)	30 000		
本期发生额	61 000	本期发生额	95 000
		期末余额	34 000

应收账款

借方		贷方	
(9)	34 000		
本期发生额	34 000		
期末余额	34 000		

借方	预付账款	贷方
(11)	20 000	
本期发生额	20 000	
期末余额	20 000	

借方	预收账款	贷方
	(12)	25 000
	本期发生额	25 000
	期末余额	25 000

借方		主营业务收入	贷方
(13)	84 000	(9)	84 000
本期发生额	84 000	本期发生额	84 000

借方		主营业务成本	贷方
(9-2)	52 000	(14)	52 000
本期发生额	52 000	本期发生额	52 000

借方		本年利润	贷方
(14)	52 000	(13)	84 000
(15)	32 000		
本期发生额	84 000	本期发生额	84 000

借方		利润分配	贷方
(10)	30 000	(15)	32 000
本期发生额	30 000	本期发生额	32 000
		期末余额	2 000

2月份会计分录如下：

(16)借：银行存款　　33 000
　　贷：主营业务收入　　33 000

(17)借：应收账款　　10 000
　　预收账款　　25 000
　　贷：主营业务收入　　35 000

(18)借：管理费用　　6 000
　　贷：银行存款　　6 000

(19)借：销售费用　　22 000
　　贷：应付账款　　2 000
　　　　银行存款　　20 000

(20)借：主营业务收入　　68 000
　　贷：本年利润　　68 000

(21)借：本年利润　　28 000
　　贷：管理费用　　6 000
　　　　销售费用　　22 000

(22)借：本年利润　　40 000
　　贷：利润分配——未分配利润　　40 000

2月份的试算平衡表如下：

许可户外运动服装店总分类账户余额及发生额试算平衡表

20X5年2月28日　单位：元

总账科目	期初余额		本期发生额		期末余额	
	借方	贷方	借方	贷方	借方	贷方
银行存款	66 000		33 000	26 000	73 000	
预收账款		25 000	25 000			0
应收账款	34 000		10 000		44 000	
库存商品	68 000				68 000	
短期借款		37 000				37 000
预付账款	20 000				20 000	
主营业务成本			28 000	28 000		
主营业务收入			68 000	68 000		
管理费用			6 000	6 000		
销售费用			22 000	22 000		
应付账款		34 000		2 000		36 000
本年利润			68 000	68 000		
利润分配——未分配利润		2 000		40 000		42 000
实收资本		90 000				90 000
合计	188 000	188 000	260 000	260 000	205 000	205 000

2月份"T"账户如下：

银行存款

借方		贷方	
期初余额	66 000	（18）	6 000
（16）	33 000	（19）	20 000
本期发生额	33 000	本期发生额	26 000
期末余额	73 000		

实收资本

借方		贷方	
		期初余额	90 000
		期末余额	90 000

库存商品

借方		贷方	
期初余额	68 000		
期末余额	68 000		

短期借款

借方		贷方	
		期初余额	37 000
		期末余额	37 000

借方　　应付账款　　贷方

		期初余额	34 000
		（19）	2 000
		本期发生额	2 000
		期末余额	36 000

借方　　应收账款　　贷方

期初余额	34 000		
（17）	10 000		
本期发生额	10 000		
期末余额	44 000		

借方　　预付账款　　贷方

期初余额	20 000		
期末余额	20 000		

借方　　预收账款　　贷方

		期初余额	25 000
（17）	25 000		
本期发生额	25 000		

借方　　主营业务收入　　贷方

（20）	68 000	（16）	33 000
		（17）	35 000

借方　　管理费用　　贷方

本期增加额		本期转销额	
（18）	6 000	（21）	6 000
本期发生额	6 000	本期发生额	6 000

借方　　销售费用　　贷方

本期增加额		本期转销额	
（19）	22 000	（21）	22 000
本期发生额	22 000	本期发生额	22 000

借方　　本年利润　　贷方

（21）	28 000	（20）	68 000
（22）	40 000		
本期发生额	68 000	本期发生额	68 000

借方　　利润分配　　贷方

		期初余额	2 000
		（22）	40 000
		本期发生额	40 000
		期末余额	42 000

专项练习4　会计凭证的填制与审核

一、单项选择题

1.企业购进原材料60 000元,款项未付。该笔经济业务应编制的记账凭证是(　　)。

A.收款凭证　　B.付款凭证

C.转账凭证　　D.以上均可

2.原始凭证有错误的,正确的处理方法是(　　)。

A.向单位负责人报告　　B.退回,不予接受

C.由出具单位重开或更正　　D.本单位代为更正

3.下列表示方法正确的是(　　)。

A.￥508.00　　B.￥86.00

C.人民币伍拾陆元捌角伍分整　　D.人民币柒拾陆元整

4.关于会计凭证的保管,下列说法不正确的是(　　)。

A.会计凭证应定期装订成册,防止散失

B.会计主管人员和保管人员应在封面上签章

C.原始凭证不得外借,其他单位如有特殊原因确实需要使用时,经本单位会计机构负责人、会计主管人员批准后,可以复印

D.经单位领导批准,会计凭证在保管期满前可以销毁

5.付款凭证左上角的“贷方科目”可能登记的科目是(　　)。

A.预付账款　　B.银行存款

C.预收账款　　D.其他应付款

6.下列不属于自制原始凭证的是(　　)。

A.领料单　　B.成本计算单

C.入库单　　D.火车票

7.下列业务中应该编制收款凭证的是(　　)。

A.购买原材料用银行存款支付　　B.收到销售商品的款项

C.购买固定资产,款项尚未支付　　D.销售商品,收到商业汇票一张

8.根据连续反映某一时期内不断重复发生而分次进行的特定业务编制的

原始凭证有(　　)。

A.一次凭证　　B.累计凭证

C.记账凭证　　D.汇总原始凭证

9.将库存现金送存银行,应填制的记账凭证是(　　)。

A.库存现金收款凭证　　B.库存现金付款凭证

C.银行存款收款凭证　　D.银行存款付款凭证

10.下列属于累计凭证的是(　　)。

A.领料单　　B.限额领料单

C.耗用材料汇总表　　D.工资汇总表

11.(　　)是用来记录货币资金付款业务的凭证,它是由出纳人员根据审核无误的原始凭证填制的。

A.收款凭证　　B.付款凭证

C.转账凭证　　D.累计凭证

12.填制记账凭证时,错误的做法是(　　)。

A.根据每一张原始凭证填制

B.根据若干张同类原始凭证汇总填制

C.将若干张不同内容和类别的原始凭证汇总填制在一张记账凭证上

D.根据原始凭证汇总表编制

13.在审核原始凭证时,对于内容不完整、填写有错误或手续不完备的原始凭证,应该(　　)。

A.拒绝办理,并向本单位负责人报告

B.予以抵制,对经办人员进行批评

C.由会计人员重新编制或予以更正

D.予以退回,要求更正、补充,以至重新编制

14.下列关于原始凭证的说法中,不正确的是(　　)。

A.按照来源的不同,分为外来原始凭证和自制原始凭证

B.按照格式的不同,分为通用原始凭证和专用原始凭证

C.按照填制手续及内容的不同,分为一次原始凭证、累计原始凭证和汇总原始凭证

D.按照填制方法的不同,分为外来原始凭证和自制原始凭证

15.原始凭证按(　　)分类,分为一次凭证、累计凭证等类。

A.用途和填制程序　　B.形成来源

C.填制方式　　D.填制程序及内容

16.可以不附原始凭证的记账凭证是(　　)。

A.更正错误的记账凭证

B.从银行提取现金的记账凭证

C.以现金发放工资的记账凭证

D.职工临时性借款的记账凭证

17.在原始凭证上书写阿拉伯数字,错误的做法是(　　)。

A.金额数字前书写货币币种符号

B.币种符号与金额数字之间要留有空白

C.币种符号与金额数字之间不得留有空白

D.数字前写有币种符号的,数字后不再写货币单位

18.下列属于通用凭证的是(　　)。

A.工资结算单　　B.折旧计算表

C.增值税专用发票　　D.差旅费报销单

19.下列不能作为会计核算原始凭证的是(　　)。

A.发货票　　B.合同书

C.入库单　　D.领料单

20.不符合原始凭证基本要求的是(　　)。

A.从个人取得的原始凭证,必须有填制人员的签名盖章

B.原始凭证不得涂改、刮擦、挖补

C.上级批准的经济合同,应作为原始凭证

D.大写和小写金额必须相等

二、 多项选择题

1.原始凭证的基本内容中包括(　　)。

A.原始凭证名称　　B.接受原始凭证的单位名称

C.经济业务的性质　　D.凭证附件

2.下列说法正确的是(　　)。

A.已经登记入账的记账凭证,在当年内发现填写错误的,直接用蓝字重新填写一张正确的记账凭证即可

B.发现以前年度记账凭证有错误的,可以用红字填写一张与原内容相同的记账凭证,再用蓝字重新填写一张正确的记账凭证

C.如果会计科目没有错误,只是金额错误,也可以将正确数字与错误数字

之间的差额，另填制一张调整的记账凭证，调增金额用蓝字，调减金额用红字

D.发现以前年度记账凭证有错误的，应当用蓝字填制一张更正的记账凭证

3.其他单位因特殊原因需要使用本单位的原始凭证的，正确的做法是（　　）。

A.可以外借

B.将外借的会计凭证拆封抽出

C.不得外借，经本单位会计机构负责人、会计主管人员批准后，可以复制

D.将向外单位提供的凭证复印件在专设的登记簿上登记

4.在原始凭证上书写阿拉伯数字，正确的是（　　）。

A.金额数字一律填写到角、分

B.无角、分的，角位和分位可写“00”或者符号“－”

C.有角无分的，分位应当写“0”

D.有角无分的，分位也可以用符号“－”代替

5.下列属于外来原始凭证的有（　　）。

A.本单位开具的销售发票　　B.供货单位开具的发票

C.职工出差取得的飞机票和火车票　　D.银行收付款通知单

6.下列说法正确的是（　　）。

A.记账凭证上的日期指的是经济业务发生的日期

B.对于涉及“库存现金”和“银行存款”之间的经济业务，一般只编制收款凭证

C.出纳人员不能直接依据有关收、付款业务的原始凭证办理收、付款业务

D.出纳人员必须根据经会计主管或其指定人员审核无误的收、付款凭证办理收、付款业务

7.下列属于一次凭证的有（　　）。

A.收据　　B.发货票

C.工资结算单　　D.工资汇总表

8.关于记账凭证，下列说法正确的是（　　）。

A.收款凭证是指用于记录现金和银行存款收款业务的会计凭证

B.收款凭证分为现金收款凭证和银行存款收款凭证两种

C.从银行提取库存现金的业务应该编制现金收款凭证

D.从银行提取库存现金的业务应该编制银行存款付款凭证

9.原始凭证的审核内容包括(　　)。

A.有关数量、单价、金额是否正确无误

B.是否符合有关的计划和预算

C.记录的经济业务的发生时间

D.有无违反财经制度的行为

10.对原始凭证发生的错误,正确的更正方法是(　　)。

A.由出具单位重开或更正

B.由本单位的会计人员代为更正

C.金额发生错误的,可由出具单位在原始凭证上更正

D.金额发生错误的,应当由出具单位重开

三、判断题

1.转账支票只能用于转账,而现金支票不仅可以用于提取现金还可以用于转账。(　　)

2.所有的记账凭证都必须附有原始凭证,否则不能作为记账的依据。(　　)

3.原始凭证原则上不得外借,其他单位如有特殊原因确实需要使用时,经本单位会计机构负责人、会计主管人员批准后,可以外借。(　　)

4.原始凭证是会计核算的原始资料和重要依据,是登记会计账簿的直接依据。(　　)

5.发现以前年度记账凭证有错误,不必用红字冲销,直接用蓝字填制一张更正的记账凭证即可。(　　)

6.记账凭证填制完经济业务事项后,如有空行,应当自金额栏最后一笔金额数字下的空行处至合计数上的空行处划线注销。(　　)

7.对于真实、合法、合理但内容不够完善、填写有错误的原始凭证,会计机构和会计人员不予以接受。(　　)

8.自制原始凭证都是一次凭证,外来原始凭证绝大多数是一次凭证。(　　)

9.原始凭证发生的错误,正确的更正方法是由出具单位在原始凭证上更正。(　　)

10.会计凭证传递应根据会计制度设计,并保证在不同的企业具有相同的程序。(　　)

四、案例题

案例1：

高帅气先生是华强企业财务主管，在一次复核时发现，会计小何不小心丢了三张记账凭证。高先生在审核原始凭证后，批评小何工作太马虎，同时让她重新填制三张记账凭证。另外一次高先生复核时，发现小许编制的银行存款付款凭证所附10万元现金支票存根丢失了，同时发现还有几张现金付款凭证所附原始凭证与记账凭证所注张数不符，高先生马上让小许停止工作，并且与他一起回忆、追查这张支票的去向。小许对此非常不满，认为高先生小题大做，故意整他，偏向小何。你认为小许的看法对吗？为什么？

案例2：

华强公司为了加强管理制定了一系列规章制度，其中规定一些会计凭证必须复写4份。例如，产成品的销售单据必须复写4份，分别在财务部门、销售部门、仓库、门卫各留一份。因为填写、传递这些会计凭证比较麻烦，小何认为这是繁琐的手续，建议取消，只需要复写2份就可以了，一份留财务部门、另一份对方带回去报销。你如何看待此事？

※参考答案：

一、单项选择题

1～5.CCADB　6～10.DBBBB　11～15.BCDDD　16～20.ABCBC

二、多项选择题

1.ABD　2.CD　3.CD　4.ABC　5.BCD　6.CD　7.ABC　8.ABD　9.ABCD　10.AD

三、判断题

1～5.××××√　6～10.√××××

四、案例题

案例1：

小许的看法不对。

高先生不是小题大做，故意整他。小何不小心丢了三张记账凭证问题不是很严重，因为记账凭证是会计人员根据审核后的原始凭证进行归类、整理，按照会计准则和记账规则确定会计分录而编制的凭证，是登记账簿的依据。如果记账凭证丢了，还可以根据原始凭证重新填制记账凭证，而不至于对会计工作造成太大影响。而小许丢失的10万元现金支票存根属于原始凭证，并且是外来原始凭证，是证明经济业务发生的初始证明，与记账凭证相比较，具有较强的法律效力，是证明经济业务发生的重要依据。一旦丢失，补偿原始凭证(尤其是外来原始凭证)的成本较高，同时也令记账凭证和会计分录缺乏依据。此外，现金付款凭证所附原始凭证与记账凭证所注张数不符，说明原始凭证有丢失，或者是所注张数出错，这些都是较为严重的问题。

案例2：

这样复写多份会计凭证不是繁琐的手续，而是为了合理地进行会计凭证的传递。组织会计凭证的传递，除了考虑业务流程的特点，提高经济管理效率外，还必须遵循内部控制制度要求的内部牵制原则，力求做到及时反映、记录经济业务。内部牵制制度特别强调相互制约，防止一人包办，尤其要将钱、物、账分管，同时建立复核查对制度。因此，在组织会计凭证的传递时，应根据单位经济业务的特点、企业内部机构组织、人员分工情况及经营管理需要，从完善内部牵制制度的角度出发，规定各种会计凭证的联次及其流程，使经办业务的部门及其人员及时办理各种凭证手续，这样既符合内部牵制原则，又提高工作效率。

专项练习5　制造业企业主要会计交易或事项的核算

一、单项选择题

1.下列各会计要素中,(　　)不是反映财务状况的会计要素。

A.资产　　B.负债

C.收入　　D.所有者权益

2.下列各会计要素中,(　　)不属于所有者权益。

A.资本公积金　　B.盈余公积金

C.未分配利润　　D.累计折旧

3.下列方法中,不属于会计核算方法的是(　　)。

A.填制会计凭证　　B.登记会计账簿

C.编制财务预算　　D.编制会计报表

4.资金的循环与周转过程不包括(　　)。

A.供应过程　　B.生产过程

C.销售过程　　D.分配过程

5.下列经济业务中,(　　)不会发生。

A.资产增加,权益增加　　B.资产减少,权益增加

C.权益不变,资产有增有减　　D.资产不变,权益有增有减

6.下列项目中,不属于资产要素的是(　　)。

A.应收账款　　B.预收账款

C.债券　　D.专利权

7.负债是指由于过去交易或事项所引起的企业的(　　)。

A.过去义务　　B.现时义务

C.将来义务　　D.永久义务

8.下列项目中,属于所有者权益的是(　　)。

A.对外投资　　B.股票

C.法定财产重估增值　　D.对外捐赠

9.下列项目中,不属于收入范围的是(　　)。

A.商品销售收入　　B.劳务收入

C.租金收入　　D.代收款项

10.下列项目中,属于资本性支出的是(　　)。

A.购入办公用品　　B.发放职工工资

C.购入设备　　D.偿还长期借款

11.下列各账户中,期末可能有余额在借方的是(　　)。

A.制造费用　　B.生产成本

C.销售费用　　D.营业成本

12.对于那些既要进行总分类核算又要进行明细分类核算的经济业务发生后,在总分类账户和其所属的明细分类账户中的登记必须采用(　　)。

A.平行登记　　B.补充登记

C.试算平衡　　D.复式记账

13.下列采购费用中应计入采购成本的是(　　)。

A.市内采购材料的运杂费　　B.运输途中的合理损耗

C.采购人员的差旅费　　D.专设采购机构的经费

14.甲企业购进材料100吨,货款计1 000 000元,途中发生定额内损耗1 000元,并以银行存款支付该材料的运杂费1 000元,保险费5 000元,增值税进项税额170 000元,则该材料的采购成本为(　　)元。

A.1 000 000　　B.1 005 000

C.1 006 000　　D.1 175 000

15.下列各项目中,应计入"制造费用"账户的是(　　)。

A.生产产品耗用的材料　　B.机器设备的折旧费

C.生产工人的工资　　D.行政管理人员的工资

16."期间费用"账户期末应(　　)。

A.有借方余额　　B.有贷方余额

C.有时在借方,有时在贷方出现余额　　D.无余额

17."生产成本"账户的期末借方余额表示(　　)。

A.完工产品成本　　B.半成品成本

C.本月生产成本合计　　D.期末在产品成本

18.某企业本月支付厂部管理人员工资15 000元,预支付厂部半年(含本月)修理费1 200元、生产车间保险费3 000元。该企业本月管理费用发生额为(　　)。

A.15 000元　　B.16 200元

C.15 200元　　D.19 200元

19. 销售产品时应交税金，应贷记的科目是(　　)。

A. 产品销售收入　　B. 营业税金及附加

C. 应交税费——应交增值税　　D. 所得税费用

20. 企业计算应交所得税时，应借记的科目是(　　)。

A. 利润分配　　B. 所得税费用

C. 应交税费　　D. 营业税金及附加

21. 某企业"本年利润"账户5月末账面余额为58万，表示(　　)。

A. 5月份实现的利润总额

B. 1—5月份累计实现的营业利润

C. 1—5月份累计实现的利润总额

D. 1—5月份累计实现的产品销售利润

22. 企业实际收到投资者投入的资金属于企业所有者权益中的(　　)。

A. 固定资产　　B. 银行存款

C. 实收资本　　D. 资本公积

23. 下列项目中，属于营业外收入的有(　　)。

A. 产品销售的收入　　B. 出售废料收入

C. 固定资产盘盈　　D. 出租固定资产的收入

24. 下述项目中，应计入"销售费用"账户的是(　　)。

A. 为销售产品而发生的广告费　　B. 销售产品的价款

C. 已销产品的生产成本　　D. 销售产品所收取的税款

25. 年末结转后，"利润分配"账户的贷方余额表示(　　)。

A. 利润实现额　　B. 利润分配额

C. 未分配利润　　D. 未弥补亏损

二、多项选择题

1. 下列业务中，属于资金退出的有(　　)。

A. 购买材料　　B. 交纳税金

C. 分配利润　　D. 银行借款

2. 下列方法中，属于会计核算方法的有(　　)。

A. 填制会计凭证　　B. 登记会计账簿

C. 编制会计报表　　D. 编制财务预算

3. 下列项目中，属于无形资产的是(　　)。

A. 非专利技术　　B. 商标权

C.著作权　　D.土地使用权

4.制造业企业的生产经营过程包括(　　)。

A.资金的投入过程　　B.资金的供应过程

C.资金的生产过程　　D.资金的销售过程

5.资金运动包括(　　)。

A.资金的投入　　B.资金的循环与周转

C.资金的退出　　D.资金的积累

6.下列项目中,属于资金退出的有(　　)。

A.偿还债务　　B.上交税费

C.向投资者分配利润　　D.购买原材料

7.下列应计入材料采购成本的有(　　)。

A.采购人员的差旅费　　B.材料买价

C.运输途中的合理损耗　　D.市内采购材料的运杂费

E.材料入库前的挑选整理费

8.某工业企业采购A、B两种材料,下列采购支出属于直接费用的有(　　)。

A.两种材料的运费　　B. A材料的买价

C.两种材料的装卸费　　D. B材料的买价

E.B材料的包装费

9.下列费用中,属于生产过程中发生的费用的有(　　)。

A.车间机器设备折旧费　　B.材料采购费用

C.生产工人工资　　D.生产产品耗用的材料

E.车间照明用电费

10.计提固定资产折旧时,与"累计折旧"账户对应的账户为(　　)。

A.生产成本　　B.制造费用

C.管理费用　　D.待摊费用

E.银行存款

11.期间费用一般包括(　　)。

A.财务费用　　B.管理费用

C.销售费用　　D.制造费用

E.待摊费用

12.下列账户中,反映所有者权益的账户有(　　)。

A.实收资本　　B.资本公积

C.应收账款　　D.盈余公积

E.本年利润

13.根据权责发生制原则,下列各项属于本年度收入的有(　　)。

A.本年度销售产品一批,货款下年初结算

B.收到上年度所销产品的货款

C.上年度已预收货款,本年度发出产品

D.本年度出租厂房,租金已于上年预收

E.本年度销售产品一批,货款收到并存入银行

14.一般而言,所有者权益包括(　　)。

A.投入资本　　B.资本公积

C.盈余公积　　D.利润分配

E.未分配利润

15.下列项目中,应计入“利润分配”账户借方的是(　　)。

A.提取的盈余公积　　B.所得税费用

C.年末转入的亏损额　　D.分配给投资者的利润

E.盈余公积弥补亏损

16.工业企业的供、产、销三个阶段,应计算的成本有(　　)

A.工资费用成本　　B.材料采购成本

C.采购费用成本　　D.产品生产成本

E.产品销售成本

三、判断题

1.借贷记账法大约产生于16世纪的英国。(　　)

2.记账方法,按记录方式不同,可分为单式记账法和复式记账法。(　　)

3.借贷记账法的记账规则是:有借必有贷,借贷必相等。(　　)

4.总分类账户和明细分类账户平行登记的要点可概括为:登账依据相同、方向一致、金额相等。(　　)

5.借贷记账法的基本内容主要包括记账符号、账户设置、记账规则和试算平衡。(　　)

6.凡是余额在借方的都是资产类账户。(　　)

7.所有经济业务的发生都会引起会计等式两边发生变化。(　　)

8.借贷记账法下的“借”“贷”二字,其本身是没有意义的。(　　)

9.账户是会计科目的名称,会计科目是根据账户开设的。(　　)

10.账户期末借方发生额合计数与贷方发生额合计数相等。(　　)

11.固定资产在使用过程中的磨损,表明固定资产价值的减少,应计入“固定资产”账户的贷方。(　　)

12.企业职工工资和福利费应计入产品生产成本。(　　)

13.“累计折旧”账户是用来记录固定资产减少额的。(　　)

14.生产车间领用的原材料应计入“生产成本”账户的借方。(　　)

15.行政管理部门零用的原材料应计入“制造费用”账户的借方。(　　)

16.反映企业跨期摊提业务的账户有“待摊费用”和“预提费用”。(　　)

17.“生产成本”账户期末如有借方余额,为尚未加工完成的各项在产品成本。(　　)

18.企业本期预收的销货款,属于企业本期的收入。(　　)

19.产品销售利润是企业的产品销售收入减去产品销售成本、产品销售费用及产品销售税金及附加后的余额。(　　)

20.“利润分配——未分配利润”明细账户的借方余额为未弥补亏损。(　　)

四、业务题

1.练习资金筹集业务的核算。

【资料】华强公司20X6年7月发生如下经济业务:

(1)接受A公司投资70 000元并存入银行。

(2)收到国家增拨的投资200 000元并存入银行。

(3)收到B公司投资,其中设备协议价80 000元交付使用,材料价值100 000元验收入库。

(4)从银行取得借款50 000元,期限6个月,年利率为5.8%,利息于季度末结算,所得款项存入银行。

(5)收到C公司全新设备一台,该设备价款为351 000元,设备交付使用。

(6)经有关部门批准,将资本公积金20 000元转增资本。

(7)收到D公司投入的生产线,双方协议作价580 000元。

(8)用银行存款500 000元偿还到期的银行临时借款。

(9)经协商签订协议,M企业将某商标权以190 000元向本公司做长期投资。

要求:根据上述资料编制会计分录。

2. 练习资金筹集业务的核算。

【资料】华强公司发生下列经济业务：

(1)某单位投入一批原材料，总成本200 000元。

(2)向银行借入3个月期借款100 000元并存入银行。

(3)向银行借入3年期借款800 000元并存入银行。

(4)从银行存款中支付本季度短期借款利息32 000元，本季度前两个月已预提短期借款利息21 000元。

(5)计提长期借款利息90 000元，其中固定资产在建期间的借款利息70 000元，固定资产完工交付使用并已办理竣工手续后的利息20 000元。

(6)以银行存款偿还短期借款50 000元、长期借款100 000元。

(7)收到某公司投入本企业商标权一项，投资双方确认的价值为200 000元。

(8)按规定将盈余公积金30 000元转作资本金。

(9)接受外商捐赠汽车1辆，价值120 000元。

要求：根据上述资料编制会计分录。

3. 练习生产准备业务的核算。

【资料】华强公司10月份发生下列经济业务：

(1)购进1台设备，买价80 000元，运输费400元，包装费300元，所有款项均以银行存款支付，设备交付使用。

(2)向大明工厂购进甲材料1 500千克，单价30元，计45 000元，增值税7 650元；乙材料2 000千克，单价15元，计30 000元，增值税5 100元，全部款项以银行存款支付。

(3)用银行存款支付上述甲、乙材料的运杂费7 000元，增值税770元。

(4)向宏天工厂购进丙材料3 000千克，单价25元，计75 000元，增值税12 750元，款项尚未支付。

(5)用现金支付丙材料的运费及装卸费3 000元，增值税330元。

(6)甲、乙、丙三种材料发生入库前的挑选整理费3 250元(按材料重量比例分摊)，用现金支付。

(7)本期购进的甲、乙、丙材料均已验收入库，现结转实际采购成本。

要求：

(1)根据上述经济业务编制会计分录(运杂费和挑选整理费按材料重量分摊)。

(2)根据有关会计分录，登记“在途物资”总账和明细账。

4.练习产品生产业务的核算。

【资料】华强公司20X6年10月份发生下列经济业务：

(1)本月生产领用材料情况如下(单位:元)：

材料发出汇总表

用途	甲材料	乙材料	合计
A产品	32 000	45 000	77 000
B产品	68 000	38 000	106 000
车间一般耗用	2 000	500	2 500
合计	102 000	83 500	185 500

(2)结算本月应付工资68 000元,其中A产品生产工人工资30 000元,B产品生产工人工资20 000元,车间管理人员工资10 000元,厂部管理人员工资8 000元。

(3)按工资总额14%计提职工福利费。

(4)从银行存款提取现金68 000元。

(5)用现金发放上月职工工资68 000元。

(6)用银行存款支付厂部第四季度的报纸杂志费660元。

(7)分摊本月厂部应负担的报纸杂志费220元。

(8)预提车间机器设备的大修理费1 200元。

(9)用银行存款支付本月水电费计5 200元,其中各车间分配3 700元,厂部分配1 500元。

(10)按规定标准计提本月固定资产折旧费4 830元,其中生产用固定资产折旧费3 800元,厂部固定资产折旧费1 030元。

(11)按生产工人工资的比例分摊并结转本月制造费用。

(12)本月投产A产品100件,全部完工;B产品300件,全部未完工。A产品已全部完工入库,结转完工产品成本。

要求：

(1)根据上述经济业务编制会计分录。

(2)根据有关的会计分录,登记"生产成本"总账、明细账和"制造费用"总账。

5.练习销售过程和财务成果业务的核算。

【资料】华强公司10月份发生下列经济业务：

(1)销售A产品10件,单价1 920元,货款19 200元,销项税3 264元,款项已存入银行。

（2）销售B产品150件，单价680元，计102 000元，销项税17 340元，款项尚未收到。

（3）用银行存款支付销售费用，计1 350元。

（4）预提本月银行借款利息1 200元。

（5）结转已销产品生产成本，A产品12 476元，B产品69 000元。

（6）计算应交城市维护建设税1 100元，教育费附加610元。

（7）销售丙材料200千克，单价26元，计5 200元，货款已存入银行，其采购成本为4 900元。

（8）盘盈1台设备，其重置完全价值8 000元，估计折旧额5 200元，经批准作营业外收入处理。

（9）以现金260元支付延期提货的罚款。

（10）月末将“主营业务收入”“其他业务收入”“营业外收入”账户结转“本年利润”账户。

（11）月末将“主营业务成本”“营业税金及附加”“其他业务成本”“销售费用”“管理费用”（账户余额为7 600元）“财务费用”“营业外支出”结转到“本年利润”账户。

（12）计算并结转本月应交所得税，税率为25%。

（13）将本月实现的净利润转入“利润分配”账户。

（14）按税后利润的10%提取盈余公积。

（15）按税后利润的5%计提公益金。

（16）该企业决定向投资者分配利润15 000元。

要求：

（1）根据上述经济业务编制会计分录。

（2）登记“主营业务收入”“主营业务成本”“本年利润”和“利润分配”账户。

6.练习期末“本年利润”“利润分配”账户结转。

【资料】某企业年末结转“本年利润”和“利润分配”账户余额之前，有关账户余额如下：

“本年利润”总账贷方余额3 560 000元；

“利润分配”总账借方余额2 800 000元；

“利润分配——提取法定盈余公积”356 000元；

“利润分配——提取公益金”178 000元；

“利润分配——应付利润”2 266 000元。

要求:根据上述资料编制会计分录。

(1)将“本年利润”账户余额结转“利润分配——未分配利润”账户。

(2)将“利润分配——提取法定盈余公积”“利润分配——提取公益金”“利润分配——应付利润”明细账余额结转“利润分配——未分配利润”账户。

(3)开设“本年利润”“利润分配”的总账,登记结转前余额。

(4)将编制的会计分录登记入账,并结出“本年利润”“利润分配”账户的本期发生额和余额。

7.华强公司20X6年9月份发生下列经济业务:

(1)企业收到国家投资500 000元,款项存入银行。

(2)企业购入需安装的设备一台,买价50 000元,包装费和运杂费800元,共计50 800元,全部款项已经用银行存款支付。在安装过程中,耗用材料1 000元,人工费500元,设备安装完毕经验收交付使用。

(3)企业从某公司购入甲材料1 000千克,每千克10元,购入乙材料1 500千克,每千克20元,增值税进项税额6 800元;运杂费1 000元,增值税进项税额110元,全部款项用银行存款支付。

(4) 以银行存款35 100元预付W单位购买丙材料。

(5)上述丙材料运达企业,发票载明每千克6元,共5 000千克,增值税5 100元。材料验收入库,按实际成本转账。

(6) 生产车间领用甲材料,实际成本21 000元,其中,生产A产品耗用18 900元,车间一般耗用2 100元。

(7)按合同规定向上月已预收货款的伟光公司发出A产品50件,每件售价600元,合计30 000元,增值税销项税额5 100元。对方已预付的货款为36 000元,用银行存款支付多收的货款900元。

(8)以银行存款预付明年的保险费700元。

(9)李明出差预借差旅费1 000元,用现金付给。

(10)企业在财产清查中盘盈设备一台,市场价格为5 000元,四成新,并按规定处理盘盈。

(11)开出现金支票33 000元,提取现金,备发工资。

(12)以现金发放职工工资33 000元。

(13)分配本月工资费用33 000元,其中,生产A产品工人工资24 000元,车间管理人员工资4 000元,企业行政管理人员工资5 000元。

(14)按上述工资总额的14%计提职工福利费。

(15)计提本月固定资产折旧24 000元,其中,车间使用的固定资产应提折旧18 000元,行政管理部门使用的固定资产应提折旧6 000元。

(16)预提应由本月负担的短期借款利息600元。

(17)摊销应由本月负担的厂部报刊费200元。

(18)将本月发生的制造费用总额34 000元转入A产品的生产成本。

(19)结转本月已销A产品的生产成本75 400元。

(20)企业出售甲材料1 000千克,价款10 000元,增值税1 700元,款项存入银行。

(21)结转上述已售甲材料成本8 000元。

(22)将本月取得的主营业务收入112 000元、其他业务收入10 000元,发生的主营业务成本75 400元、其他业务成本8 000元和销售费用2 000元转入本年利润。

(23)企业本期实现的利润总额为100 000元,按25%计算本期应纳所得税,并结转所得税费用。

(24)按税后利润(利用前几笔业务的资料)的10%计提盈余公积金。

要求:根据上述经济业务编制会计分录。

五、计算与核算题

1.练习外购材料取得成本的计算。

【资料】华强公司采购材料的有关资料如下表所示。

品种	数量	单价(元)	运费(元)	其他费用(元)
A	3 000	200		
B	5 000	100		
C	6 000	400		
合计			560	7 000

要求:

(1)根据上述资料计算材料采购的实际成本。运费按数量分配,其他费用按买价分配。

(2)根据上述资料编制会计分录。运费以现金支付,其他均以银行存款支付。

2.练习固定资产取得成本的计算。

【资料】华强公司购进固定资产的有关资料如下表所示(单位:元)。

品种	买价	运费	包装费	保险费	安装费
A	50 000		100	40	
B	30 000		80	20	
合计		160			1 120

要求:

(1)根据上述资料计算固定资产的取得成本。运费和安装费均按买价分配。

(2)根据上述资料编制有关会计分录(以上款项均以银行存款支付)。

3.练习存货计价方法。

【资料】华强公司的甲材料明细账如下表所示。

20XX年		摘要	收入			发出	结存		
月	日		数量(吨)	单价(元)	金额(元)	数量(吨)	数量(吨)	单价(元)	金额(元)
5	1	月初结存					1 000	100	100 000
	7	购进	2 000	110	220 000		3 000		
	10	发出				1 500	1 500		
	19	购进	1 000	120	120 000		2 500		
	24	购进	1 500	110	165 000		4 000		
	30	发出				2 500	1 500		

要求:

(1)根据上述材料,分别采用先进先出法、一次加权平均法计算发出存货的成本。

(2)按加权平均法的计算结果填列账簿。

4.练习产品制造成本的计算。

【资料】华强公司生产A产品,本期领用材料70 000元,发放工资20 000元,计提折旧20 000元,以银行存款10 000元支付各项制造费用,期初结存20 000元。

要求:

(1)根据上述资料编制归集生产费用的会计分录。

(2)如果本期A产品全部完工,计算完工产品成本并编制结转产品成本的会计分录。

(3)如果本期在产品15 000元,计算完工产品成本并编制结转产品成本的会计分录。

※参考答案:

一、单项选择题

1~5.CDCDB　6~10.BBCDC　11~15.BABCB　16~20.DDCCB

21~25.CCCBC

二、多项选择题

1.BC　2.ABC　3.ABCD　4.BCD　5.ABC　6.ABC　7.BCE

8.BDE　9.ACDE　10.BC11.ABC　12.ABDE　13.ACDE

14.ABCE　15.ACD　16.BDE

三、判断题

1~5.×√√√√　6~10.×××××　11~15.×××√×

16~20.√√×√√

四、业务题

1.会计分录如下:

(1)借:银行存款　　70 000

　　贷:实收资本——A公司　　70 000

(2)借:银行存款　　200 000

　　贷:实收资本——国家　　200 000

(3)借:固定资产　　80 000

　　原材料　　100 000

　　贷:实收资本——B公司　　180 000

(4)借:银行存款　　50 000

　　贷:短期借款　　50 000

(5)借:固定资产　　351 000

　　贷:实收资本——C公司　　351 000

(6)借:资本公积　　20 000

　　贷:实收资本　　20 000

(7)借:固定资产　　580 000

　　贷:实收资本 ——D公司　　580 000
(8)借:短期借款　　500 000
　　贷:银行存款　　500 000
(9)借:无形资产——商标权　　190 000
　　贷:实收资本—— M公司　　190 000
2.会计分录如下:
(1)借:原材料　　200 000
　　贷:实收资本　　200 000
(2)借:银行存款　　100 000
　　贷:短期借款　　100 000
(3)借:银行存款　　800 000
　　贷:长期借款　　800 000
(4)借:财务费用　　11 000
　　应付利息　　21 000
　　贷:银行存款　　32 000
(5)借:在建工程　　70 000
　　财务费用　　20 000
　　贷:长期借款　　90 000
(6)借:短期借款　　50 000
　　长期借款　　100 000
　　贷:银行存款　　150 000
(7)借:无形资产　　200 000
　　贷:实收资本　　200 000
(8)借:盈余公积　　30 000
　　贷:实收资本　　30 000
(9)借:固定资产　　120 000
　　贷:营业外收入　　120 000
3.会计分录如下:
(1)借:固定资产　　80 700
　　贷:银行存款　　80 700
(2)借:在途物资——甲材料　　45 000
　　——乙材料　　30 000

应交税费——应交增值税(进项税额)　12 750
贷:银行存款　87 750

(3)借:在途物资——甲材料　3 000
——乙材料　4 000
应交税费——应交增值税(进项税额)　770
贷:银行存款　7 770

(4)借:在途物资——丙材料　75 000
应交税费——应交增值税(进项税额)　12 750
贷:应付账款　87 750

(5)借:在途物资——丙材料　3 000
应交税费——应交增值税(进项税额)　330
贷:库存现金　3 330

(6)借:在途物资——甲材料　750
——乙材料　1 000
——丙材料　1 500
贷:库存现金　3 250

(7)借:原材料——甲材料　48 750
——乙材料　35 000
——丙材料　79 500
贷:在途物资——甲材料　48 750
——乙材料　35 000
——丙材料　79 500

总账:

借方　在途物资　贷方

借方		贷方	
期初余额	×××		
(2)	75 000	(7)	163 250
(3)	7 000		
(4)	75 000		
(5)	3 000		
(6)	3 250		
本期发生额	163 250	本期发生额	163 250

明细账：

借方　　　在途物资——甲材料　　　贷方

期初余额	×××		
(2)	45 000	(7)	48 750
(3)	3 000		
(6)	750		
本期发生额	48 750	本期发生额	48 750

借方　　　在途物资——乙材料　　　贷方

期初余额	×××		
(2)	30 000	(7)	35 000
(3)	4 000		
(6)	1 000		
本期发生额	35 000	本期发生额	35 000

借方　　　在途物资——丙材料　　　贷方

期初余额	×××		
(4)	75 000	(7)	79 500
(5)	3 000		
(6)	1 500		
本期发生额	79 500	本期发生额	79 500

4.会计分录如下：

(1)借：生产成本——A产品　　77 000
　　　　　　　——B产品　　106 000
　　　制造费用　　2 500
　　贷：原材料——甲材料　　102 000
　　　　　　　——乙材料　　83 500

(2)借：生产成本——A产品　　30 000
　　　　　　　——B产品　　20 000
　　　制造费用　　10 000

管理费用　　8 000

贷:应付职工薪酬　　68 000

(3)借:生产成本——A产品　　4 200

——B产品　　2 800

制造费用　　1 400

管理费用　　1 120

贷:应付职工薪酬　　9 520

(4)借:库存现金　　68 000

贷:银行存款　　68 000

(5)借:应付职工薪酬　　68 000

贷:库存现金　　68 000

(6)借:预付账款　　660

贷:银行存款　　660

(7)借:管理费用　　220

贷:预付账款　　220

(8)借:制造费用　　1 200

贷: 应付账款　　1 200

(9)借:制造费用　　3 700

管理费用　　1 500

贷:银行存款　　5 200

(10)借:制造费用　　3 800

管理费用　　1 030

贷:累计折旧　　4 830

(11)借:生产成本——A产品　　13 560

——B产品　　9 040

贷:制造费用　　22 600

$$制造费用分配率=\frac{22\ 600}{30\ 000+20\ 000}=0.452$$

A产品分配的制造费用=0.452×30 000=13 560(元)

B产品分配的制造费用=0.452×20 000=9 040(元)

(12)借:产成品——A产品　　124 760

贷:生产成本——A产品　　124 760

总账：

借方	生产成本		贷方
期初余额	×××		
(1)	183 000	(12)	124 760
(2)	113 500		
(3)	7 000		
(11)	22 600		
本期发生额	326 100	本期发生额	124 760
期末余额	×××		

借方	制造费用		贷方
(1)	2 500	(11)	22 600
(2)	10 000		
(3)	1 400		
(8)	1 200		
(9)	3 700		
(10)	3 800		
本期发生额	22 600	本期发生额	22 600

明细账(略)

5.会计分录如下：

(1)借:银行存款　22 464
　　贷:主营业务收入　19 200
　　　应交税费——应交增值税(销项税额)　3 264

(2)借:应收账款　119 340
　　贷:主营业务收入　102 000
　　　应交税费——应交增值税(销项税额)　17 340

(3)借:销售费用　1 350
　　贷:银行存款　1 350

(4)借:财务费用　1 200
　　贷:应付利息　1 200

(5)借:主营业务成本——A产品　　12 476
　　　　　　　　——B产品　　69 000
　　贷:库存商品——A产品　　12 476
　　　　　　　——B产品　　69 000
(6)借:营业税金及附加　　1 710
　　贷:应交税费——应交城市维护建设税　　1 100
　　　　　　　——教育费附加　　610
(7)借:银行存款　　5 200
　　贷:其他业务收入　　5 200
　借:其他业务成本　　4 900
　　贷:原材料　　4 900
(8)借:固定资产　　8 000
　　贷:累计折旧　　5 200
　　　　营业外收入　　2 800
(9)借:营业外支出　　260
　　贷:库存现金　　260
(10)借:主营业务收入　　121 200
　　　其他业务收入　　5 200
　　　营业外收入　　2 800
　　　贷:本年利润　　129 200
(11)借:本年利润　　98 496
　　　贷:主营业务成本　　81 476
　　　　　营业税金及附加　　1 710
　　　　　其他业务成本　　4 900
　　　　　销售费用　　1 350
　　　　　管理费用　　7 600
　　　　　财务费用　　1 200
　　　　　营业外支出　　260
(12)本月应交所得税=(129 200－98 496)×25%=7 676(元)
　借:所得税费用　　7 676
　　贷:应交税费——应交所得税　　7 676
　借:本年利润　　7 676

　　贷:所得税费用　　7 676

(13)借:本年利润　　23 028

　　贷:利润分配——未分配利润　　23 028

(14)提取的盈余公积 = 税后利润×10% = (30 704 − 7 676)×10%

= 23 028×10% = 2 302.8(元)

借:利润分配——提取盈余公积　　2 302.8

　　贷:盈余公积　　2 302.8

(15)提取的公益金 = 23 028×5% = 1 151.4(元)

借:利润分配——提取公益金　　1 151.4

　　贷:盈余公积　　1 151.4

(16)借:利润分配——应付利润　　15 000

　　贷:应付利润　　15 000

总账:

借方　主营业务收入　贷方

(10)	121 200	(1)	19 200
		(2)	102 000
本期发生额	121 200	本期发生额	121 200

借方　主营业务成本　贷方

(5)	81 476	(11)	81 476
本期发生额	81 476	本期发生额	81 476

借方　本年利润　贷方

(11)	98 496	(10)	129 200
(12)	7 676		
(13)	23 028		
本期发生额	129 200	本期发生额	129 200

借方　利润分配——未分配利润　贷方

(14)	2 302.8	(13)	23 028
(15)	1 151.4		
(16)	15 000		
本期发生额	18 454.2	本期发生额	23 028
		期末余额	4 573.8

6.会计分录如下：

(1)借：本年利润　　3 560 000
　　贷：利润分配——未分配利润　　3 560 000

(2)借：利润分配——未分配利润　　2 800 000
　　贷：利润分配——提取法定盈余公积　　356 000
　　　　——提取公益金　　178 000
　　　　——应付利润　　2 266 000

借方	本年利润		贷方
		期初余额	3 560 000
(1)	3 560 000		
本期发生额	3 560 000	本期发生额	3 560 000
		期末余额	0

借方	利润分配——未分配利润		贷方
期初余额	2 800 000	(1)	3 560 000
(2)	2 800 000	(2)	2 800 000
本期发生额	2 800 000	本期发生额	6 360 000
		期末余额	760 000

7.会计分录如下：

(1)借：银行存款　　500 000
　　贷：实收资本　　500 000

(2)借：在建工程　　52 300
　　贷：银行存款　　50 800
　　　　原材料　　1 000
　　　　应付职工薪酬　　500
　借：固定资产　　52 300
　　贷：在建工程　　52 300

(3)借：原材料　　41 000
　　应交税费——应交增值税(进项税额)　　6 910
　　贷：银行存款　　47 910

(4)借：预付账款　　35 100
　　贷：银行存款　　35 100

(5)借：材料采购　　30 000

应交税费——应交增值税(进项税额) 5 100
贷:预付账款 35 100
借:原材料 30 000
贷:材料采购 30 000
(6)借:生产成本 18 900
制造费用 2 100
贷:原材料 21 000
(7)借:预收账款 36 000
贷:主营业务收入 30 000
应交税费——应交增值税(销项税额) 5 100
银行存款 900
(8)借:预付账款 700
贷:银行存款 700
(9)借:其他应收款 1 000
贷:库存现金 1 000
(10)借:固定资产 5 000
贷:待处理财产损益 2 000
累计折旧 3 000
借:待处理财产损益 2 000
贷:营业外收入 2 000
(11)借:库存现金 33 000
贷:银行存款 33 000
(12)借:应付职工薪酬 33 000
贷:库存现金 33 000
(13)借:生产成本 24 000
制造费用 4 000
管理费用 5 000
贷:应付职工薪酬 33 000
(14)借:生产成本 3 360
制造费用 560
管理费用 700
贷:应付福利费 4 620

(15)借:制造费用　18 000
　　管理费用　6 000
　　贷:累计折旧　24 000
(16)借:财务费用　600
　　贷:应付利息　600
(17)借:管理费用　200
　　贷:预付账款　200
(18)借:生产成本　34 000
　　贷:制造费用　34 000
(19)借:主营业务成本　75 400
　　贷:库存商品　75 400
(20)借:银行存款　11 700
　　贷:其他业务收入　10 000
　　　应交税费——应交增值税(销项税额)　1 700
(21)借:其他业务成本　8 000
　　贷:原材料　8 000
(22)借:本年利润　85 400
　　贷:主营业务成本　75 400
　　　其他业务成本　8 000
　　　销售费用　2 000
　借:主营业务收入　112 000
　　其他业务收入　10 000
　　贷:本年利润　122 000
(23)借:所得税费用　25 000
　　贷:应交税费——应交所得税　25 000
　借:本年利润　25 000
　　贷:所得税费用　25 000
(24)借:利润分配——提取盈余公积　7 500
　　贷:盈余公积　7 500

五、计算与核算题

1.运费的分配:

$$分配率=\frac{560}{3\ 000+5\ 000+6\ 000}=0.04$$

A材料应分摊的运费=3 000×0.04=120(元)

B材料应分摊的运费=5 000×0.04=200(元)

C材料应分摊的运费=6 000×0.04=240(元)

其他费用的分配:

$$分配率=\frac{7\ 000}{600\ 000+500\ 000+2\ 400\ 000}=0.002$$

A材料应分摊的其他费用=600 000×0.002=1 200(元)

B材料应分摊的其他费用=500 000×0.002=1 000(元)

C材料应分摊的其他费用=2 400 000×0.002=4 800(元)

会计分录如下:

借:在途物资——A材料　　601 320

　　　　　——B材料　　501 200

　　　　　——C材料　　2 405 040

　贷:库存现金　　560

　　银行存款　　3 507 000

2.运费的分配:

$$分配率=\frac{160}{50\ 000+30\ 000}=0.002$$

A应分摊的运费=50 000×0.002=100(元)

B应分摊的运费=30 000×0.002=60(元)

安装费的分配:

$$分配率=\frac{1\ 120}{50\ 000+30\ 000}=0.014$$

A应分摊的安装费=50 000×0.014=700(元)

B应分摊的安装费=30 000×0.014=420(元)

会计分录如下:

借:固定资产——A　　50 940

　　　　　——B　　30 580

　贷:银行存款　　81 520

3.

用先进先出法计算:

发出存货成本=1 000×110+2 000×110+1 000×120=440 000(元)

结存存货成本=1 500×110=165 000(元)

用一次加权平均法计算:

$$加权平均单价=\frac{100\ 000+220\ 000+120\ 000+165\ 000}{1\ 000+2\ 000+1\ 000+1\ 500}=110(元)$$

发出存货成本=(1 500+2 500)×110=440 000(元)

结存存货成本=1 500×110=165 000(元)

账簿填列如下表所示:

材料明细账

品名:甲

20XX年		摘要	收入			发出			结存		
月	日		数量(吨)	单价(元)	金额(元)	数量(吨)	单价(元)	金额(元)	数量(吨)	单价(元)	金额(元)
5	1	月初结存							1 000	100	100 000
	7	购进	2 000	110	220 000				3 000		
	10	发出	1 500						1 500		
	19	购进	1 000	120	120 000				2 500		
	24	购进	1 500	110	165 000				4 000		
	30	发出				2 500			1 500		
	31	结转成本					110	440 000	1 500	110	165 000
	31	发生额及余额	4 500		505 000	4 000		440 000	1 500		165 000

4.

(1)编制会计分录如下:

借:制造费用　　30 000

　　贷:累计折旧　　20 000

　　　　银行存款　　10 000

借:生产成本　　120 000

　　贷:原材料　　70 000

　　　　应付职工薪酬　　20 000

　　　　制造费用　　30 000

(2)结转完工产品成本：

完工产品成本 = 20 000 + 120 000 = 140 000(元)

借:库存商品　　　　140 000

　贷:生产成本　　　　140 000

(3)结转完工产品成本：

完工产品成本 = 20 000 + 120 000 − 15 000 = 125 000(元)

借:库存商品　　　　125 000

　贷:生产成本　　　　125 000

专项练习6　账户的分类

一、单项选择题

1.在下列所有者权益账户中,反映所有者原始投资的账户是(　　)。

A.实收资本　　B.盈余公积

C.本年利润　　D.利润分配

2.下列不属于盘存账户的是(　　)。

A.固定资产　　B.长期投资

C.应收账款　　D.库存商品

3.下列不属于抵减账户的是(　　)。

A.利润分配　　B.坏账准备

C.累计折旧　　D.预提费用

4.“主营业务税金及附加”账户按其经济内容分类属于(　　)。

A.负债类账户　　B.收入类账户

C.费用计算类账户　　D.费用类账户

5.下列账户中,属于抵减附加账户的是(　　)。

A.坏账准备　　B.材料成本差异

C.利润分配　　D.累计折旧

6.“材料成本差异”账户是用来抵减附加(　　)。

A.“原材料”账户　　B.“物资采购”账户

C.“生产成本”账户　　D.“库存商品”账户

7.下列账户按用途结构分类,不属于费用计算类账户的是(　　)。

A.管理费用　　B.财务费用

C.制造费用　　D.营业费用

8.结算账户的期末余额(　　)。

A.在借方　　B.在贷方

C.可能在借方,也可能在贷方　　D.以上都不对

9.下列哪一类账户不是按用途和结构分类的类别(　　)。

A.成本计算类账户　　B.财务成果计算类账户

C.费用类账户　　D.投资权益账户

10.在企业不单设"预付账款"账户时,对于预付款业务可在(　　)。

A."应收账款"账户反映　　B."预收账款"账户反映

C."应付账款"账户反映　　D."其他往来"账户反映

11."累计折旧"账户按其经济内容分类属于(　　)。

A.费用类账户　　B.抵减账户

C.负债类账户　　D.资产类账户

12.下列账户中,既属于结算账户,又属于负债类账户的是(　　)。

A."应收账款"账户　　B."预收账款"账户

C."应收票据"账户　　D."预付账款"账户

13.债权债务结算账户的贷方登记(　　)。

A.债权的增加　　B.债务的增加,债权的减少

C.债务的增加　　D.债务的减少,债权的增加

二、多项选择题

1.按不同标志分类,"物资采购"账户可能属于(　　)。

A.资产类账户　　B.盘存类账户

C.对比类账户　　D.成本计算类账户

E.费用账户

2.账户的用途是指通过账户记录(　　)。

A.能提供什么核算指标

B.怎样记录经济业务

C.表明开设和运用账户的目的

D.观察借贷方登记的内容

E.判断账户期末余额的方向

3.下列账户期末一般没有余额的是(　　)。

A.收入计算类账户　　B.费用计算类账户

C.盘存类账户　　D.集合分配类账户

E.结算类账户

4.下列可能属于盘存账户的有(　　)。

A."物资采购"账户　　B."长期投资"账户

C."银行存款"账户　　D."固定资产"账户

E."本年利润"账户

5.下列账户中,期末有余额在借方的是(　　)。

A.债权结算账户　　B.投资权益账户

C.盘存账户　　D.成本计算账户

E.跨期摊配账户

6.所谓账户的结构,是指账户如何提供核算指标,即(　　)。

A.账户期末余额的方向　　B.账户余额表示的内容

C.账户借方核算的内容　　D.账户贷方核算的内容

E.运用账户的目的

7.下列账户中,反映流动资产的账户有(　　)。

A.应收账款　　B.预提费用

C.待摊费用　　D.原材料

E.库存商品

8.下列账户中,属于债权结算账户的有(　　)。

A.预付账款　　B.应付账款

C.应收账款　　D.应收票据

E.预收账款

9.下列账户中,属于费用账户的有(　　)。

A.制造费用　　B.财务费用

C.管理费用　　D.待摊费用

E.预提费用

10.账户分类的主要标志有(　　)。

A.账户的经济内容　　B.账户的名称

C.账户的用途和结构　　D.账户与会计报表的关系

E.账户的统驭关系

11.下列盘存账户中,通过设置和运用明细账可以提供数量和金额两种指标的有(　　)。

A.“银行存款”账户　　B.“现金”账户

C.“原材料”账户　　D.“库存商品”账户

E.“生产成本”账户

12.在生产过程中,用来归集制造产品的生产费用,计算产品生产成本的账户有(　　)。

A.“制造费用”账户　　B.“库存商品”账户

C."物资采购"账户　　　　　　　　D."生产成本"账户

E."主营业务成本"账户

三、判断题

1.之所以要对账户进行分类,是为了了解各个账户的特性,探讨各个账户之间的区别。(　　)

2."本年利润"账户和"利润分配"账户按其用途和结构分类,同属于一个类别。(　　)

3."主营业务收入"账户是反映营业收入的账户,"其他业务收入"账户是反映非营业收入的账户。(　　)

4.按经济内容分类分出的费用类账户,是核算企业在经营过程中发生的各种费用支出的账户,这里的费用是指狭义的费用。(　　)

5.账户按其经济内容划分归为一类,则按其用途和结构划分也必定归为一类。(　　)

6.调整账户按其调整方式的不同,又可以分为抵减账户和抵减附加账户。(　　)

7.抵减附加账户的期末余额方向不是固定的,当其余额在借方时,起着抵减作用,当其余额在贷方时,起着附加作用。(　　)

8.集合分配类账户是用来归集应由某个成本计算对象负担的间接费用的账户,因而具有明显的过渡性质,期末一般都有余额。(　　)

9.企业的利润在没有分配之前属于企业的所有者权益,所有者权益应反映在企业的资产负债表中,因而"本年利润"和"利润分配"账户均属于资产负债表账户。(　　)

四、案例题

账户根据期末是否有余额分为实账户和虚账户,通常将期末有余额的账户称为实账户,将期末无余额的账户称为虚账户。学生许珂认为实账户都有实际经济意义,虚账户都没有实际经济意义。你认为她的理解对吗?

※参考答案：

一、单项选择题

1～5. ABDDB　6～10. ACCDC　11～13. BBB

二、多项选择题

1. ABCD　2. AC　3. AB　4. ACD　5. ACDE　6. ABCD　7. ADE
8. ACD　9. BC　10. AC　11. CDE　12. AC

三、判断题

1～5. ×√×√×　6～9. ×××√

四、案例题

许珂同学的看法不正确，并不是实账户都有实际经济意义，虚账户都没有实际经济意义。账户根据期末是否有余额分为实账户和虚账户，与是否有经济意义无关。通常将期末有余额的账户称为实账户，实账户的期末余额代表着企业的资产、负债或所有者权益。将期末无余额的账户称为虚账户，虚账户的发生额反映企业的损益情况。可见，实账户和虚账户都是对企业某类经济业务的核算，都具有实际经济意义。

专项练习7　会计账簿

一、单项选择题

1.备查账簿是企业(　　)。

A.必设账簿　　B.根据需要设置的

C.内部账簿　　D.外部账簿

2.下列账户的明细账采用的账页适用于三栏式账页的是(　　)。

A.原材料　　B.应收账款

C.管理费用　　D.销售费用

3.总分类账簿一般采用(　　)。

A.活页账　　B.数量金额式账簿

C.订本账　　D.卡片账

4.收入费用明细账一般适用(　　)。

A.多栏式明细账　　B.三栏式明细账

C.数量金额式明细账　　D.平行式明细账

5.财产物资明细账一般适用(　　)。

A.多栏式明细账　　B.三栏式明细账

C.数量金额式明细账　　D.以上都不是

6.一般情况下,不需要根据记账凭证登记的账簿是(　　)。

A.明细分类账　　B.总分类账

C.备查账簿　　D.特种日记账

7.从银行提取现金,登记现金日记账的依据是(　　)。

A.现金收款凭证　　B.现金付款凭证

C.银行存款收款凭证　　D.银行存款付款凭证

8.某会计人员在记账时将记入“银行存款”科目借方的5 100元误记为510元。会计人员在查找该项错账时,应采用的方法是(　　)。

A.除2法　　B.差数法

C.尾数法　　D.除9法

9.现金和银行存款日记账,据有关凭证(　　)。

A.逐日汇总登记　　B.定期汇总登记

C.逐日逐笔登记　　D.一次汇总登记

10.总账账簿登记的依据和方法是(　　)。

A.记账凭证,逐笔登记　　B.汇总记账凭证,定期登记

C.取决于采用的会计核算组织形式　　D.科目汇总表,定期登记

11.“应收账款”明细账的格式一般采用(　　)。

A.数量金额式　　B.多栏式

C.订本式　　D.三栏式

12.多栏式明细账格式一般适用于(　　)。

A.债权、债务类账户　　B.财产、物资类账户

C.费用成本类和收入成果类账户　　D.货币资产类账户

13.“原材料”明细账的格式一般采用(　　)。

A.数量金额式　　B.横线登记式

C.三栏式　　D.多栏式

14.按照经济业务发生时间的先后顺序逐日逐笔进行登记的账簿是(　　)。

A.总分类账簿　　B.序时账簿

C.备查账簿　　D.明细分类账簿

15.年度结账时,除结算出本年四个季度的发生额合计数,记入第四季度季结的下一行,在摘要栏注明“本年累计”字样外,还应在该行下画(　　)红线。

A.一道　　B.双道

C.三道　　D.四道

16.会计人员在填制记账凭证时,将650元错记为560元,并且已登记入账,月末结账时发现此笔错账,更正时应采用的便捷方法是(　　)。

A.划线更正法　　B.红字更正法

C.补充登记法　　D.核对账目的方法

17.如果发现记账凭证所用的科目正确,只是所填金额大于应填金额,并已登记入账,应采用(　　)更正。

A.划线更正法　　B.红字更正法

C.平行登记法　　D.补充登记法

二、多项选择题

1.任何会计主体都必须设置的账簿有(　　)。

A.日记账簿　　B.备查账簿

C.总分类账簿　　D.明细分类账簿

2.明细分类账的账页格式一般有(　　)。

A.三栏式　　B.数量金额式

C.多栏式　　D.以上都不是

3.在账簿记录中,红笔只适用于(　　)。

A.错账更正　　B.冲账

C.结账　　D.登账

4.错账更正的方法有(　　)。

A.红字更正法　　B.划线更正法

C.补充登记法　　D.挖补法

5.登记银行存款日记账的依据为(　　)。

A.银行存款收款凭证　　B.银行存款付款凭证

C.部分现金收款凭证　　D.部分现金付款凭证

6.多栏式明细账的账页格式一般适用于(　　)的明细核算。

A.资产类账户　　B.收入类账户

C.费用类账户　　D.成本类账户

7.账簿按填制的程序和用途可分为(　　)。

A.日记账　　B.分类账

C.备查账　　D.订本账

8.下列选项中,可采用划线更正法的有(　　)。

A.在结账前,发现记账凭证无误,但登账时金额有笔误

B.结账时,计算的期末余额有错误

C.发现记账凭证金额错误,并已登记入账

D.发现记账凭证金额错误,原始凭证无误,记账凭证尚未登记入账

9.下列选项中,可用除9法查找错数的有(　　)。

A.将数字写小　　B.将数字写大

C.邻数颠倒　　D.借方金额遗漏

10.明细分类账可以根据(　　)登记。

A.原始凭证　　B.记账凭证

C.科目汇总表　　D.经济合同

11.下列选项中,必须采用订本式账簿的有(　　)。

A.原材料明细账　　B.现金日记账

C.银行存款日记账　　D.应付账款明细账

E.总分类账

12."红字更正法"适用于(　　)。

A.记账前,发现记账凭证上的文字或数字有误

B.记账后,发现原记账凭证上应借、应贷科目填错

C.记账后,发现原记账凭证上所填金额小于应填金额

D.记账后,发现原记账凭证上所填金额大于应填金额

E.账簿上数字计算错误

13.下列错误中,可以通过试算平衡发现的有(　　)。

A.借方发生额大于贷方发生额　　B.应借、应贷科目颠倒

C.借方余额小于贷方余额　　D.漏记一项经济业务

E.重记一项经济业务

14.对账的主要内容有(　　)。

A.账簿资料的内外核对　　B.账证核对

C.账账核对　　D.账实核对

15.三栏式明细账格式适用于(　　)。

A."应收账款"明细账　　B."生产成本"明细账

C."应付账款"明细账　　D."制造费用"明细账

三、判断题

1.序时账簿和分类账簿可结合在一本账簿中进行登记。(　　)

2.会计年度终了,应将活页账装订成册,活页账一般只适用于总分类账。(　　)

3.总分类账的登记,可以根据记账凭证登记,也可以根据科目汇总表或汇总记账凭证等登记。(　　)

4.日记账是逐笔序时登记的,故月末不必与总账进行核对。(　　)

5.对于记账过程中的数字错误,若个别数码错误,采用划线更正法时,只将错误划去并填上正确数码即可。(　　)

6.在结账前,若发现登记的记账凭证科目有错误,则必须用划线更正法予以更正。(　　)

7.“原材料”账户的明细核算通常采用三栏式明细分类账。(　　)

8.现金日记账和银行存款日记账必须采用订本式账簿。(　　)

9.总分类账对明细分类账起着统驭作用。(　　)

10.账簿与账户是形式与内容的关系。(　　)

11.总账只进行金额核算,提供价值指标,不提供实物指标,而明细账有的只提供价值指标,有的既提供价值指标,又提供实物指标。(　　)

12.多栏式明细账格式适用于有关费用、成本和收入、成果等科目。(　　)

13.会计人员根据记账凭证登账时,误将2 000元记为200元,更正这种错误应采用红字更正法。(　　)

14.在会计核算中,红笔一般只在画线、改错、冲账和表示负数金额时使用。(　　)

四、业务题

目的:练习错账的更正方法。

【资料】东方公司2007年8月发生以下错账:

(1)8日,管理人员张一出差,预借差旅费1 000元,用现金支付,并已登记入账。

原编记账凭证的会计分录为:

借:管理费用　　1 000

　　贷:库存现金　　1 000

(2)18日,用银行存款支付前欠A公司货款11 700元,原编记账凭证会计分录为:

借:应付账款——A公司　　11 700

　　贷:银行存款　　11 700

会计人员在登记“应付账款”账户时,将“11 700”元误写为“1 170”。

(3)30日,企业计算本月应交所得税34 000元,并已登记入账。原编记账凭证会计分录为:

借:所得税费用　　3 400

　　贷: 应交税费　　3 400

要求:

(1)说明以上错账应采用的更正方法。

(2)对错账进行更正。

※参考答案：

一、单项选择题

1～5.BBCAC　6～10.CDDCC　11～15.DCABB　16～17.CB

二、多项选择题

1.ACD　2.ABC　3.ABC　4.ABC　5.ABCD　6.BCD　7.ABC　8.AB　9.ABC　10.AB　11.BCE　12.BD　13.AC　14.BCD　15.AC

三、判断题

1～5.√×√××　6～10.××√√√　11～14.√√×√

四、业务题

(1)红字更正法。

[更正]首先用红字填写一张与原错误凭证相同的记账凭证，用以冲销原错误凭证：

借：管理费用　　1 000

　　贷：库存现金　　1 000

然后再用蓝字填写一张正确的记账凭证：

借：其他应收款　　1 000

　　贷：库存现金　　1 000

最后再根据这两张凭证登记账簿。

(2)划线更正法。

将错误金额划掉，再在错误金额上面填写正确金额(金额全部划掉，不能只划错误数字)。

(3)补充登记法。

先将少记金额编制一张记账凭证：

借：所得税费用　　30 600

　　贷：应交税费　　30 600

然后根据记账凭证登记账簿。

专项练习8　财产清查

一、单项选择题

1.在永续盘存制下,平时在账簿中对各项财产物资的登记方法是(　　)。

A.只登记增加数,不登记减少数　　B.只登记减少数,不登记增加数

C.既登记增加数,又登记减少数　　D.上述方法都可以

2.现金的清查采用(　　)。

A.实地盘点法　　B.技术推算法

C.询证法　　D.核对法

3.银行存款的清查是将银行存款日记账与(　　)核对,以查明账实是否相符。

A.银行存款凭证　　B.银行存款总账

C.银行存款备查账　　D.银行对账单

4.盘亏的存货,在减去过失人或者保险公司等赔款和残料价值之后,属于非正常损失的应计入(　　)。

A.管理费用　　B.营业外支出

C.营业费用　　D.其他业务支出

5.盘亏的固定资产在处理时应计入(　　)。

A.其他业务成本　　B.营业外支出

C.其他业务收入　　D.营业外收入

6.一般情况下,企业单位撤销、合并或改变隶属关系时,要进行(　　)。

A.全面清查　　B.局部清查

C.实地盘点　　D.技术推算

7.盘亏及毁损财产物资中,属于自然灾害造成的非常损失应记入(　　)。

A.“其他应收款”账户的借方　　B.“营业外支出”账户的借方

C.“管理费用”账户的借方　　D.“其他应收款”账户的贷方

8.通常情况下,往来款项的清查方法是(　　)。

A.实地盘点法　　B.估算法

C.推算法　　D.对账法

9.(　　)是记录盘点结果的书面证明,也是反映财产物资实存数的原始凭证。

A.盘存单　　B.实存账存对比表

C.盘点盈亏报告表　　D.以上均是

10.银行存款实有数为(　　)。

A.银行存款日记账余额

B.银行对账单余额

C.银行存款余额调节表中调节后相等的余额

D.以上都不对

二、多项选择题

1.财产清查按清查的范围分为(　　)。

A.全面清查　　B.定期清查

C.不定期清查　　D.局部清查

2.财产清查按清查的时间分为(　　)。

A.全面清查　　B.定期清查

C.不定期清查　　D.局部清查

3.企业在年终决算前进行的清查属于(　　)。

A.全面清查　　B.局部清查

C.定期清查　　D.不定期清查

4.下列情况中,需要进行财产全面清查的有(　　)。

A.企业改变隶属关系时　　B.企业合并前

C.出纳人员调离工作前　　D.公司总经理调离工作前

5.下列选项中,会使企业银行存款日记账的余额大于银行对账单的余额的有(　　)。

A.企业收到或已送存银行的款项,企业已入账,但银行尚未入账

B.企业开出各种付款凭证,已记入银行存款日记账,但银行尚未入账

C.银行代企业收进的款项,银行已入账,但企业尚未收到有关凭证,未能登记入账

D.银行代企业支付的款项,银行已入账,但企业尚未收到有关凭证,未能登记入账

6.“待处理财产损益”账户的借方核算(　　)。

A.发生的财产盘盈数　　B.发生的财产盘亏和毁损数

C.处理的财产盘盈数　　D.处理的财产盘亏和毁损数

7.实物清查的常用方法有(　　)。

A.实地盘点法　　B.技术推算盘点法

C.账目核对法　　D.逆查法

8.实地盘点法可用于(　　)清查。

A.实物　　B.现金

C.银行存款　　D.往来款项

9.银行存款的清查,需将(　　)进行相互逐笔勾对。

A.银行存款总账　　B.银行对账单

C.银行存款日记账　　D.支票登记簿

10.银行存款日记账与银行对账单不一致的原因有(　　)。

A.企业或银行出现记账错误　　B.出现未达账项

C.出现已达账项　　D.以上均是

三、判断题

1.造成财产物资账实不符的原因主要是登账错误。(　　)

2.永续盘存制下,通过实地盘点确定的财产物资期末实存数等于其期末账面结存数。(　　)

3.企业单位撤销、合并或改变隶属关系时,应对企业的部分财产进行重点清查。(　　)

4.全面清查可以定期进行,也可以不定期进行。(　　)

5.银行存款的清查,是通过实地盘点的方法来确定其实存数的。(　　)

6.企业应根据银行存款余额调节表调节后的存款余额去更改账簿记录。(　　)

7.盘亏的存货,在减去过失人或者保险公司等赔款和残料价值之后,均应计入当期管理费用。(　　)

8.盘亏的固定资产,应计入当期营业外支出。(　　)

四、业务题

【目的】练习财产清查结果的账务处理。

【资料】光明公司2012年11月有关业务资料如下:

(1)在财产清查中发现现金短缺80元。

(2)在财产清查中盘盈甲材料2 000元,盘亏乙材料30 000元,该批材料原购进时的进项增值税为5 100元。

(3)在财产清查中发现短少机床一台,该设备账面原值为100 000元,已提折旧70 000元。

(4)上述短款无法查明原因,经批准作管理费用处理。

(5)经查,上述甲材料盘盈系因计量器具不准确造成的,乙材料盘亏系非正常损失。

(6)经批准,上述短少机床的损失作营业外支出处理。

要求:根据上述经济业务,编制光明公司的会计分录。

五、案例题

【目的】练习编制银行存款余额调节表。

【资料】甲公司20X6年6月30日银行对账单余额为26 950元,银行存款日记账余额为15 353元。对账中发现下列未达账项:

(1)向银行借款10 000元,银行已转入本公司的存款账户,但本公司尚未记账。

(2)送存银行一张1 124元的支票,因对方存款不足而被退回,公司尚未接到通知。

(3)向供货方开出一张4 732元的转账支票,因持票人尚未到银行办理手续,银行尚未记账。

(4)公司收入1 680元,已送存银行,但银行尚未记账。

(5)银行已从公司账户中划转水电费325元,公司尚未接到通知。

要求:根据上述资料,编制银行存款余额调节表。

※参考答案:

一、单项选择题

1~5.CADBB　6~10.ABDAC

二、多项选择题

1.AD　2.BC　3.AC　4.ABD　5.AD　6.BD　7.AB　8.AB　9.BC　10.AB

三、判断题

1~5.×××√×　6~8.××√

四、业务题

(1)借:待处理财产损益——待处理流动资产损益　　80
　　贷:库存现金　　80

(2)借:原材料——甲材料　　2 000
　　贷:待处理财产损益——待处理流动资产损益　　2 000
　借:待处理财产损益——待处理流动资产损益　　35 100
　　贷:原材料——乙材料　　30 000
　　　应交税费——应交增值税(进项税额转出)　　5 100

(3)借:待处理财产损益——待处理固定资产损益　　30 000
　　累计折旧　　70 000
　　贷:固定资产　　100 000

(4)借:管理费用——现金短缺　　80
　　贷:待处理财产损益——待处理流动资产损益　　80

(5)借:待处理财产损益——待处理流动资产损益　　2 000
　　贷:管理费用　　2 000
　借:营业外支出　　35 100
　　贷:待处理财产损益——待处理流动资产损益　　35 100

(6)借:营业外支出　　30 000
　　贷:待处理财产损益——待处理固定资产损益　　30 000

五、案例题

银行存款余额调节表

20X6年6月30日　单位:元

项目	金额	项目	金额
银行存款日记账余额	15 353	银行对账单余额	26 950
加：银行已收，企业未收	10 000	加：企业已收，银行未收	1 680
减：银行已付，企业未付	1 124	减：企业已付，银行未付	4 732
	325		
调节后余额	23 904	调节后余额	23 904

专项练习9　财务报告

一、单项选择题

1.在资产负债表中,资产是按照(　　)排列的。

A.清偿时间的先后顺序　　B.会计人员的填写习惯

C.金额大小　　D.流动性大小

2.下列报表中,不属于企业对外提供的动态报表的是(　　)。

A.利润表　　B.所有者权益变动表

C.现金流量表　　D.资产负债表

3.多步式利润表中的利润总额是以(　　)为基础来计算的。

A.营业收入　　B.营业成本

C.投资收益　　D.营业利润

4.按照我国的会计准则,资产负债表采用的格式为(　　)。

A.单步报告式　　B.多步报告式

C.账户式　　D.混合式

5.企业财务会计报告所提供的信息资料应具有时效性,这是指编制财务会计报告应符合(　　)的要求。

A.真实可靠　　B.相关可比

C.全面完整　　D.编报及时

6.关于企业利润构成,下列表述不正确的是(　　)。

A.企业的利润总额由营业利润、投资收益和营业外收入三部分组成

B.营业成本=主营业务成本+其他业务成本

C.利润总额=营业利润+营业外收入－营业外支出

D.净利润=利润总额－所得税费用

7.以下说法不正确的是(　　)。

A.对资产负债表项目金额及其相关比率的分析,可以帮助报表使用者全面了解企业的资产状况、盈利能力,分析企业的债务偿还能力,从而为未来的经济决策提供参考信息

B.负债一般分为流动负债和长期负债

C.账户式资产负债表分为左右两方,左方为资产项目

D.账户式资产负债表分为左右两方,右方为资产项目

8.资产负债表是根据(　　)这一会计等式编制的。

A.收入－费用=利润

B.现金流入－现金流出=现金净流量

C.资产=负债+所有者权益+收入－费用

D.资产=负债+所有者权益

9.某企业本月主营业务收入为1 000 000元,其他业务收入为80 000元,营业外收入为90 000元,主营业务成本为760 000元,其他业务成本为50 000元,营业税金及附加为30 000元,营业外支出为75 000元,管理费用为40 000元,销售费用为30 000元,财务费用为15 000元,所得税费用为75 000元。则该企业本月营业利润为(　　)元。

A.170 000　　B.155 000

C.25 000　　D.80 000

10.某公司本会计期间的主营业务收入为1 700万元,主营业务成本为1 190万元,营业税金及附加为170万元,销售费用为110万元,管理费用为100万元,财务费用为19万元,营业外收入为16万元,营业外支出为25万元,其他业务收入为200万元,其他业务成本为100万元,应交所得税按利润总额的25%计算,其营业利润、利润总额、企业净利润分别为(　　)万元。

A.111、232、174　　B.211、202、151.5

C.356、232、74　　D.111、202、151.5

11.关于资产负债表的格式,下列说法不正确的是(　　)。

A.资产负债表主要有账户式和报告式

B.我国的资产负债表采用报告式

C.账户式资产负债表分为左右两方,左方为资产,右方为负债和所有者权益

D.负债和所有者权益按照求偿权的先后顺序排列

12.为了具体反映利润的形成情况,我国现行的利润表的结构一般采用(　　)报告结构。

A.单步式　　B.多步式

C.账户式　　D.报告式

13.某企业"应付账款"明细账期末余额情况如下:应付甲企业贷方余额为

200 000元，应付乙企业借方余额为180 000元，应付丙企业贷方余额为300 000元。假如该企业“预付账款”明细账均为借方余额，则根据以上数据计算的反映在资产负债表上“应付账款”项目的金额为(　　)元。

A.680 000　　B.320 000

C.500 000　　D.80 000

14.资产负债表中的“存货”项目，应根据(　　)。

A.“存货”科目的期末借方余额直接填列

B.“原材料”科目的期末借方余额直接填列

C.“原材料”“生产成本”和“库存商品”等科目的期末借方余额之和减去“存货跌价准备”等账户期末余额后的金额填列

D.“原材料”“工程物资”和“库存商品”等科目的期末借方余额之和填列

15.关于净利润的计算，下列公式中正确的是(　　)。

A.净利润=利润总额+营业外收入－营业外支出

B.净利润=营业收入－营业成本－营业税金及附加－销售费用－管理费用-财务费用－资产减值损失+公允价值变动收益+投资收益

C.净利润=利润总额－所得税费用

D.净利润=利润总额+所得税费用

二、多项选择题

1.资产负债表中的“存货”项目反映的内容包括(　　)。

A.在途物资　　B.材料成本差异

C.周转材料　　D.生产成本

2.下列账户中，可能影响资产负债表中“预付款项”项目金额的有(　　)。

A.预收账款　　B.应收账款

C.应付账款　　D.预付账款

3.下列各项中，影响营业利润的账户有(　　)。

A.主营业务收入　　B.其他业务成本

C.营业外支出　　D.营业税金及附加

4.多步式利润表可以反映企业的(　　)等利润要素。

A.所得税费用　　B.营业利润

C.利润总额　　D.净利润

5.下列各项中，影响企业利润总额的有(　　)。

A.资产减值损失　　B.公允价值变动损益

C.所得税费用　　D.营业外支出

6.借助于利润表提供的信息,可以帮助管理者(　　)。

A.分析企业资产的结构及状况　　B.分析企业的债务偿还能力

C.分析企业的获利能力　　D.分析企业利润的未来发展趋势

7.资产负债表正表的格式,国际上通常有(　　)。

A.单步式　　B.多步式

C.账户式　　D.报告式

8.资产负债表中的"应付账款"项目应根据(　　)合计填列。

A.应付账款总账余额

B.应付账款所属明细账借方余额合计

C.应付账款所属明细账贷方余额合计

D.预付账款所属明细账贷方余额合计

9.下列各项中,属于利润表提供的信息有(　　)。

A.本期实现的营业收入

B.本期的所得税费用

C.本期实现的营业利润

D.企业本期的净利润或亏损总额

10.资产负债表中的"货币资金"项目,应根据(　　)科目期末余额的合计数填列。

A.备用金　　B.其他货币资金

C.银行存款　　D.库存现金

11.下列各项中,属于资产负债表中流动负债项目的有(　　)。

A.应付利息　　B.应付股利

C.预付账款　　D.其他应付款

12.下列各项中,属于财务会计报告编制要求的有(　　)。

A.全面完整　　B.编报及时

C.真实可靠　　D.便于理解

三、判断题

1.利润表中"本期数"栏的数字,应根据各损益类账户本期发生额填列。(　　)

2.利润总额是指收入加上投资收益、营业外收入,减去营业外支出后的总金额。(　　)

3.利润表属于动态会计报表。(　　)

4.我国的资产负债表采用账户式结构,左方为资产项目,一般按要求清偿时间的先后顺序排列;右方为负债和所有者权益项目,大体按照流动性大小排列。(　　)

5.资产负债表中资产类项目金额总计与负债类和所有者权益类项目金额总计必须相等,各项资产与负债的金额一般不应相互抵消。(　　)

6.利润表是反映企业一定日期财务状况的财务报表。(　　)

7.资产负债表项目的排列,资产按求偿权先后顺序排列,负债按流动性大小排列。(　　)

8.营业利润是以主营业务利润为基础,加上其他业务利润,减去销售费用、管理费用和财务费用,再加上营业外收入,减去营业外支出计算出来的。(　　)

9.资产负债表是总括反映企业特定日期资产、负债和所有者权益情况的静态报表,通过它可以了解企业的资产分布、资金的来源和承担的债务以及资金的流动性和偿债能力。(　　)

10.利润表是反映企业一定日期经营成果的财务报表。(　　)

11.现金流量表是反映企业一定时期的经营活动现金流量的增减情况的报表。(　　)

12.资产负债表中"固定资产"项目应根据"固定资产"账户余额直接填列。(　　)

13.账户式资产负债表分左右两方,左方为资产项目,一般按照流动性大小排列;右方为负债及所有者权益项目,一般按要求偿还时间的先后顺序排列。(　　)

14.利润表中收入类项目大多是根据收入类账户期末结转前借方发生额减去贷方发生额后的差额填列,若差额为负数,则以"-"号填列。(　　)

四、不定项选择题

甲公司为增值税一般纳税人,20X4年1月1日,甲公司资产负债表部分项目年初余额如下(单位:万元):

项目	年初余额	项目	年末余额
货币资金	48	流动负债合计	68
存货	150	非流动负债合计	120
长期股权投资	160	实收资本	200
固定资产	180	资本公积	50
		盈余公积	10
		未分配利润	90

20X4年该公司发生的有关经济业务如下：

(1)采购一批原材料，取得的增值税专用发票上注明的销售价格为70万元，增值税税额为11.9万元，销售方代垫包装费0.1万元，材料已验收入库。该公司开出一张银行承兑汇票，面值为82万元，期限为3个月，并缴纳银行承兑手续费0.041万元。

(2)甲公司接受乙公司投资的原材料一批并投入使用，合同约定的价格为60万元，增值税税额为10.2万元；甲公司相应增加实收资本50万元，相关法律手续已办妥。

(3)甲公司持有丙公司30%有表决权的股份，采用权益法核算长期股权投资。20X4年度丙公司实现净利润150万元，丙公司宣告发放现金股利100万元。

(4)20X4年度甲公司实现净利润360万元，按10%计提法定盈余公积。经股东大会批准，该公司宣告发放现金股利100万元。

要求：根据上述资料，假定不考虑其他因素，分析回答下列第1~5题。(选项中的金额单位为万元)

1.根据期初资料，甲公司的下列项目中计算结果正确的是(　　)。

A.留存收益为100万元　　B.负债总额为188万元

C.流动资产为48万元　　D.非流动资产为490万元

2.根据资料(1)，下列各项中，甲公司会计处理结果表述正确的是(　　)。

A.原材料科目借方增加70.1万元

B.原材料科目借方增加70万元

C.应付票据科目贷方增加82万元

D.应付票据科目贷方增加82.041万元

3.根据资料(2)，下列各项中，甲公司会计处理正确的是(　　)。

A.借：原材料　　70.2
　贷：实收资本——乙公司　　50
　　资本公积　　20.2

B.借：原材料　　70.2
　　贷：实收资本——乙公司　　70.2

C.借：原材料　　60
　　应交税费——应交增值税(进项税额)　　10.2
　　贷：实收资本——乙公司　　70.2

D.借:原材料　　60
　应交税费——应交增值税(进项税额)　　10.2
　贷:实收资本——乙公司　　50
　　资本公积　　20.2

4.根据资料(3),下列各项中,甲公司会计处理结果正确的是(　　)。

A.应收股利科目借方增加45万元

B.投资收益科目贷方增加30万元

C.投资收益科目贷方增加45万元

D.应收股利科目借方增加30万元

5.根据资料(4),下列各项中正确的是(　　)。

A.非公司制企业法定盈余公积的提取比例可超过净利润的10%

B.盈余公积科目贷方增加36万元

C.应付股利科目借方增加100万元

D.企业提取的盈余公积经批准可用于弥补亏损和转增资本,但不能发放现金股利

五、计算题

1.下面是某公司结账后的试算平衡表:

结账后的试算平衡表(节录)

20X6年9月30日　单位:元

账户名称	借方余额	贷方余额
库存现金	500	
银行存款	58 000	
应收账款	150 000	
原材料	75 000	
库存商品	32 000	
生产成本	25 000	
利润分配	42 000	
本年利润		76 000

计算资产负债表的有关数据：

（1）货币资金；

（2）存货；

（3）未分配利润。

2. 下面是甲公司本月结账前的余额(单位:元)：

账户名称	借方余额	贷方余额
主营业务收入		125 000
主营业务成本	70 000	
营业税金及附加	600	
销售费用	6 000	
管理费用	4 200	
财务费用	200	
营业外收入		250
营业外支出	500	
所得税费用	10 937.5	

计算利润表的有关数据：

（1）主营业务利润；

（2）营业利润；

（3）利润总额；

（4）净利润。

六、案例题

李亮大学毕业后到一家公司上班，被分配到会计部门。会计部经理为了培养他，在12月底编制年报时让他也练习编制资产负债表。第一遍他编制的资产负债表不平衡，第二遍他编制的资产负债表平衡了，但是与经理编制的资产负债表总额相差600多万元。经理问他怎么编制的，他说都是根据总分类账户的期末余额填制的。请你分析李亮可能在什么地方出现了差错。

※参考答案：

一、单项选择题

1～5.DDDCD　6～10.ADDBB　11～15.BBCCC

二、多项选择题

1.ABCD　2.CD　3.ABD　4.ABCD　5.ABD　6.CD　7.CD　8.CD

9.ABCD　10.BCD　11.ABD　12.ABCD

三、判断题

1～5.√×√×√　6～10.×××√×　11～14.××√×

四、不定项选择题

1.AB　【解析】留存收益=盈余公积+未分配利润=90+10=100(万元)；负债总额=流动负债+非流动负债=68+120=188(万元)；流动资产=货币资金+存货=48+150=198(万元)；非流动资产=长期股权投资+固定资产=160+180=340(万元)。

2.AC　【解析】根据资料(1)，账务处理应如下：

借：原材料　70.1

　应交税费——应交增值税(进项税额)　11.9

　贷：应付票据　82

借：财务费用　0.041

　贷：银行存款　0.041

3.D　【解析】根据资料(2)，账务处理应如下：

借：原材料　60

　应交税费——应交增值税(进项税额)　10.2

　贷：实收资本　50

　　资本公积——资本溢价　20.2

4.CD　【解析】根据资料(3)，账务处理应如下：

借：长期股权投资——损益调整　45

　贷：投资收益　45

借：应收股利　30

　贷：长期股权投资——损益调整　30

5.AB　【解析】根据资料(4)，账务处理应如下：

借：利润分配——提取法定盈余公积　36

——应付现金股利 100

贷:盈余公积 36

应付股利 100

选项D,企业提取的盈余公积经批准可用于弥补亏损、转增资本、发放现金股利或利润。

五、计算题

1.(1)货币资金=库存现金+银行存款=500+58 000=58 500(元)。

(2)存货=原材料+库存商品+生产成本=75 000+32 000+25 000=132 000(元)。

(3)未分配利润=本年利润-利润分配=76 000-42 000=34 000(元)。

分析:“货币资金”“存货”“未分配利润”这几个项目均需要计算分析填列。

2.(1)主营业务利润=125 000-70 000-600=544 000(元)。

(2)营业利润=544 000-6 000-4 200-200=44 000(元)。

(3)利润总额=44 000+250-500=43 750(元)。

(4)净利润=43 750-10 937.5=32 812.5(元)。

六、案例题

答:李亮在具体项目的填列方面出现了差错。具体项目的填列方法除了直接根据总账科目的余额填列外,还包括:

(1)根据几个总账科目的余额计算填列。如“货币资金”项目,应当根据“库存现金”和“银行存款”等科目的期末余额合计填列。

(2)根据有关明细科目的余额分析计算填列。如“应收账款”项目,应当根据“应收账款”和“预收账款”等科目所属明细科目期末借方余额的合计数填列;“应付账款”项目,应当根据“应付账款”和“预付账款”等科目所属明细科目期末借方余额的合计数填列。

(3)根据总账科目和明细科目的余额分析计算填列。如“长期借款”项目,通常应当根据“长期借款”总账科目余额扣除“长期借款”所属明细科目中将于一年内到期的部分分析计算填列。

(4)根据总账科目与其备抵科目抵消后的净额计算填列。如“固定资产”项目,通常应当根据“固定资产”科目期末余额,减去“累计折旧”科目期末余额后的金额填列。

专项练习10　账务处理程序

一、单项选择题

1.（　　）是账务处理程序中最基本的形式。

A.记账凭证账务处理程序

B.科目汇总表账务处理程序

C.汇总记账凭证账务处理程序

D.多栏式日记账账务处理程序

2.记账凭证账务处理程序的主要特点是根据（　　）登记总账。

A.记账凭证

B.原始凭证汇总表

C.汇总记账凭证

D.科目汇总表

3.科目汇总表的缺点主要是不能反映（　　）。

A.账户借方、贷方发生额

B.账户借方、贷方余额

C.账户对应关系

D.各账户借方、贷方发生额合计

4.在汇总记账凭证账务处理程序下，记账凭证一般采用（　　）。

A.收款凭证、付款凭证、转账凭证三种格式

B.通用记账凭证

C.A、B两者皆可

D.以上都不对

5.汇总收款凭证是根据现金或银行存款的收款凭证，按现金或银行存款科目的（　　）分别设置，并按（　　）科目加以归类汇总。

A.借方、贷方

B.贷方、借方

C.借方、借方

D.贷方、贷方

6.汇总转账凭证根据转账凭证按每个科目的(　　)分别设置,并按对应的(　　)科目归类汇总。

A.借方、贷方

B.贷方、借方

C.借方、借方

D.贷方、贷方

7.在汇总记账凭证账务处理程序下,记账凭证和账簿设置与记账凭证账务处理程序基本相同,但要另外设置(　　)。

A.原始凭证汇总表

B.记账凭证汇总表

C.汇总记账凭证

D.日记总账

8.科目汇总表账务处理程序适用于(　　)。

A.业务量少的单位

B.业务量较多的单位

C.企业单位

D.行政单位

二、多项选择题

1.记账凭证账务处理程序、汇总记账凭证账务处理程序和科目汇总表账务处理程序应共同遵循的程序有(　　)。

A.根据原始凭证,汇总原始凭证和记账凭证,登记各种明细分类账

B.根据记账凭证逐笔登记总分类账

C.期末,现金日记账、银行存款日记账和明细分类账的余额与有关总分类账的余额核对相符

D.根据总分类账和明细分类账的记录,编制会计报表

2.以下属于科目汇总表账务处理程序的优缺点的是(　　)。

A.总账能比较详细地反映经济业务的内容

B.科目汇总表不能反映会计科目的对应关系

C.可以大大减轻登记总账的工作量

D.科目汇总表还能起到试算平衡的作用

3.以下属于汇总记账凭证账务处理程序的优缺点的是(　　)。

A.汇总记账凭证的填制工作量比较大

B.汇总记账凭证不能反映会计科目的对应关系
C.简化了登记总账的工作量
D.不利于日常核算工作的合理分工
4.可以减少总分类账登记工作量的账务处理程序是(　　)。
A.记账凭证账务处理程序
B.科目汇总表账务处理程序
C.汇总记账凭证账务处理程序
D.原始凭证账务处理程序
5.账务处理程序的内容包括(　　)。
A.账簿组织
B.记账程序
C.成本计算
D.报表分析
6.记账凭证账务处理程序的缺点是(　　)。
A.核算程序复杂
B.不便于对账和查账
C.登记总分类账的工作量大
D.不便于总分类账与明细分类账的分工协作
7.记账凭证汇总表账务处理程序的优点有(　　)。
A.根据记账凭证汇总表登记总账,能大大减轻总账登记的工作量
B.能进行登账前的试算平衡
C.能清晰地反映账户之间的对应关系
D.便于对账和查账
8.汇总记账凭证账务处理程序的缺点是(　　)。
A.登记总账工作量大
B.不能清晰地反映账户之间的对应关系,不利于经济活动的分析和检查
C.汇总记账凭证的编制工作量大
D.不利于日常核算工作的合理分工

三、判断题

1.记账凭证账务处理程序是账务处理程序中最基本的形式。(　　)
2.记账凭证账务处理程序是适用于一切企业的账务处理程序。(　　)
3.科目汇总表能够反映会计科目的对应关系。(　　)

4.科目汇总表能起到试算平衡的作用。(　　)

5.汇总转账凭证根据转账凭证按每个科目的借方分别设置,并按对应的贷方科目归类汇总。(　　)

6.汇总记账凭证可以清晰地反映科目之间的对应关系。(　　)

四、案例题

许可20X1年创办了嘉华商贸股份有限公司,开始规模较小,注册资本30万元,主要从事商品批发与零售业务,记账一直采用记账凭证核算组织程序。随着经济业务的发展,到20X6年公司注册资本已经扩大到2 000万元,每年销售额达到3亿,这时会计人员提出采用汇总记账凭证核算组织程序记账。你认为是否应该这样做?

五、 业务计算题

1.练习记账凭证会计核算程序。

【资料一】双喜企业20X6年6月初各账户余额(单位:元)如下:

账户名称	借方余额	账户名称	贷方余额
库存现金	1 400	累计折旧	162 700
银行存款	54 600	短期借款	50 000
应收账款	122 100	应付账款	31 600
其他应收款	1 500	应付福利费	10 180
原材料	167 900	应交税费	15 650
库存商品	78 540	实收资本	500 000
长期待摊费用	2 160	盈余公积	3 670
固定资产	317 800		
利润分配	27 800		
合计	773 800		

【资料二】该企业20X6年6月发生以下经济业务(注:进、销价均含增值税,税率17%)。

(1)向一厂购入甲材料200千克,每千克129.20元,计30 232.80元,货款以银行存款支付。

(2)以现金支付甲材料运杂费160元。

(3)甲材料200千克验收入库,按实际成本转账。

(4)以银行支票15 200元交纳上月销售税金。

(5)以银行支票30 000元归还临时借款。

(6)收到二厂还来货款36 000元、四厂还来货款60 000元,存入银行。

（7）以现金100元购入劳防用品，当即交车间使用。

（8）仓库发出乙材料460千克，每千克进价100元，其中300千克用于制造B产品，160千克用于制造A产品。

（9）购入新机器一台，价值70 000元，以银行支票支付。

（10）向二厂销售A产品300件，每件210.60元，计63 180元，尚未收到。

（11）向四厂销售B产品100件，每件468元，计46 800元，尚未收到。

（12）购入即用的销售包装纸箱100个，每个16元，以银行存款支付。

（13）仓库发出甲材料100千克，每千克130元，用于制造A产品。

（14）以银行存款支付车间设备修理费328元。

（15）以现金80元支付销售产品运杂费。

（16）购入丁材料100千克，验收入库，价款2 808元以银行支票支付，同时按实际成本转账。

（17）仓库发出车间一般耗用的丁材料40千克，每千克24元。

（18）向三厂购入乙材料200千克，价款23 119.20元，以银行支票支付。

（19）以银行支票支付乙材料的运输、装卸费240元。

（20）乙材料200千克验收入库，按实际成本转账。

（21）仓库发出甲材料200千克，每千克进价130元，用于制造B产品。

（22）向五厂购入丙材料300千克，价款13 829.40元，尚未支付货款，材料未到。

（23）以银行存款支付丙材料价款13 829.40元及运杂费180元。上述丙材料300千克验收入库，按实际成本转账。

（24）开出银行支票1 000元，提取现金。

（25）以银行存款330元购买管理部门办公用品。

（26）销售A产品200件，价款42 120元存入银行。

（27）以现金40元支付销售A产品的装卸及搬运费。

（28）收到二厂货款63 180元并存入银行。

（29）收到四厂货款46 800元并存入银行。

（30）向三厂购入乙材料300千克，价款34 678.80元，运杂费360元，以银行支票支付。

（31）乙材料300千克已验收入库，按实际成本转账。

（32）销售B产品150件，价款70 200存入银行。

（33）以现金支付销售B产品的运杂费50元。

(34)购入会计用账表凭证60元,车间用文具用品84元,分别以现金支付。

(35)仓库发出丙材料150千克,其中50千克用于制造A产品,100千克用于制造B产品。丙材料成本每千克40元。

(36)以银行存款450元支付车间机器修理费。

(37)管理部门人员出差回来报销差旅费1 290元,已借支1 500元,余款交回现金。

(38)经批准报废一台旧机器,原值16 000元,累计折旧15 360元。

(39)以银行支票支付报废机器清理费用320元。

(40)出售报废机器残料,收入价款1 040元存入银行。

(41)报废机器净收入80元转入营业外收入处理。

(42)向银行提取现金38 000元,用以发放工资。

(43)以现金38 000元发放工资。

(44)售予二厂A产品100件,价款42 120元,尚未收到。

(45)以现金30元支付销售A产品的搬运费。

(46)以银行支票支付职工医药费3 120元。

(47)以银行支票支付本月电费4 770元,其中车间生产用电3 978元,管理部门用电792元。

(48)以银行支票支付本月水费380元,其中车间用水216元,管理部门用水164元。

(49)结算本月职工工资38 000元,其中生产工人工资27 200元(生产A产品工人工资12 800元,生产B产品工人工资14 400元),车间技术、管理人员工资5 800元,行政管理部门人员工资5 000元。

(50)计提本月累计折旧共计3 780元,其中管理部门折旧1 280元,车间折旧2 500元。

(51)以现金支付本月应该负担的行政管理费用240元。

(52)以银行存款支付本季应负担的银行借款利息600元。

(53)结转本月制造费用,按生产工人工资比例分配计入A、B产品生产成本。

(54)结转已经完工A产品300件、B产品400件的实际生产成本。

(55)结算本月应付消费税11 300元。

(56)结转已销产品生产成本:A产品每件147.00元,B产品每件274.72元。

(57)计算利润总额,按利润总额的33%计算应交所得税。

(58)结转各项损益账户,计算本月利润总额。

(59)将“所得税费用”转入“本年利润”账户。

(60)将本年利润的税后余额转入“利润分配”账户。

(61)按税后利润的10%计提盈余公积。

要求:

(1)根据资料一开设总分类账户,登记期初余额。

(2)根据资料二编制会计分录。

(3)编制总分类账户本期发生额及余额表(试算平衡表)。

2.练习科目汇总表编制方法。

要求:根据上述资料二的会计分录编制科目汇总表(格式如下)。

会计科目	总账页数	本期发生额		记账凭证起止号数
		借方	贷方	
XXXX XXXX XXXX 合计				

※参考答案:

一、单项选择题

1~5.AACAA　6~8.BCB

二、多项选择题

1.ACD　2.BCD　3.AC　4.BC　5.AB　6.CD　7.AB　8.CD

三、判断题

1~5.√××√×　6.√

四、案例题

答:可以使用汇总记账凭证核算组织程序记账。该程序可以将日常发生的大量记账凭证分散在平时整理,通过汇总归类,月末一次登入总分类账,减轻了登记总账的工作量,为及时编制会计报表提供方便。汇总记账凭证是按照科目对应关系归类、汇总编制的,能够明确地反映账户之间的对应关系,便于经常分析检查经济活动的发生情况。但是,汇总记账凭证按每一贷方科目汇总,不考虑经济业务的性质,不利于会计核算的分工,而且编制汇总记账凭证的工作量也较大。

五、业务计算题

1.登记总分类账(略)

编制会计分录如下:

(1)借:在途物资——甲 25 840
应交税费——应交增值税(进项税额) 4 392.8
贷:银行存款 30 232.80

(2)借:在途物资——甲 160
贷:库存现金 160

(3)借:原材料——甲 26 000
贷:在途物资——甲 26 000

(4)借:应交税费——应交消费税 15 200
贷:银行存款 15 200

(5)借:短期借款 30 000
贷:银行存款 30 000

(6)借:银行存款 96 000
贷:应收借款——二厂 36 000
——四厂 60 000

(7)借:制造费用 100
贷:库存现金 100

(8)借:生产成本——A产品 16 000
——B产品 30 000
贷:原材料——乙 46 000

(9)借:固定资产 70 000
贷:银行存款 70 000

(10)借:应收账款——二厂 63 180
贷:主营业务收入 54 000
应交税费——应交增值税(销项税额) 9 180

(11)借:应收账款——四厂 46 800
贷:主营业务收入 40 000
应交税费——应交增值税(销项税额) 6 800

(12)借:销售费用 1 600

应交税费——应交增值税(进项税额) 272
贷:银行存款 1 872
(13)借:生产成本——A产品 13 000
贷:原材料——甲 13 000
(14)借:制造费用——修理费 328
贷:银行存款 328
(15)借:销售费用 80
贷:库存现金 80
(16)借:在途物资——丁材料 2 400
应交税费——应交增值税(进项税额) 408
贷:银行存款 2 808
借:原材料——丁 2 400
贷:在途物资——丁 2 400
(17)借:制造费用 960
贷:原材料——丁 960
(18)借:在途物资——乙 19 760
应交税费——应交增值税(进项税额) 3 359.20
贷:银行存款 23 119.20
(19)借:在途物资——乙 240
贷:银行存款 240
(20)借:原材料——乙 20 000
贷:在途物资——乙 20 000
(21)借:生产成本——B产品 26 000
贷:原材料——甲 26 000
(22)借:在途物资——丙 11 820
应交税费——应交增值税(进项税额) 2 009.40
贷:应付账款——丙 13 829.40
(23)借:应付账款——丙 13 829.40
贷:银行存款 13 829.40
借:在途物资——丙 180
贷:银行存款 180
(24)借:库存现金 1 000

贷:银行存款　　1 000

(25)借:管理费用　　330

贷:银行存款　　330

(26)借:银行存款　　42 120

贷:主营业务收入——A产品　　36 000

应交税费——应交增值税(销项税额)　　6 120

(27)借:销售费用　　40

贷:库存现金　　40

(28)借:银行存款　　63 180

贷:应收账款——二厂　　63 180

(29)借:银行存款　　46 800

贷:应收账款——四厂　　46 800

(30)借:在途物资——乙　　29 640

应交税费——应交增值税(进项税额)　　5 038.80

贷:银行存款　　34 678.80

借:在途物资——乙　　360

贷:银行存款　　360

(31)借:原材料——乙　　30 000

贷:在途物资——乙　　30 000

(32)借:银行存款　　70 200

贷:主营业务收入　　60 000

应交税费——应交增值税(销项税额)　　10 200

(33)借:销售费用　　50

贷:库存现金　　50

(34)借:管理费用　　60

制造费用　　84

贷:库存现金　　144

(35)借:生产成本——A产品　　2 000

——B产品　　4 000

贷:原材料——丙　　6 000

(36)借:制造费用　　450

贷:银行存款　　450

(37)借:库存现金 210
管理费用 1 290
贷:应收账款 1 500
(38)借:固定资产清理 640
累计折旧 15 360
贷:固定资产 16 000
(39)借:固定资产清理 320
贷:银行存款 320
(40)借:银行存款 1 040
贷:固定资产清理 1 040
(41)借:固定资产清理 80
贷:营业外收入 80
(42)借:库存现金 38 000
贷:银行存款 38 000
(43)借:应付职工薪酬 38 000
贷:库存现金 38 000
(44)借:应收账款 42 120
贷:主营业务收入——A 产品 36 000
应交税费——应交增值税(销项税额) 6 120
(45)借:销售费用 30
贷:库存现金 30
(46)借:应付职工薪酬 3 120
贷:银行存款 3 120
(47)借:制造费用 3 978
管理费用 792
贷:银行存款 4 770
(48)借:制造费用 216
管理费用 164
贷:银行存款 380
(49)借:生产成本——A 产品 12 800
——B 产品 14 400
制造费用 5 800

管理费用	5 000	
贷:应付职工薪酬		38 000
(50)借:制造费用	2 500	
管理费用	1 280	
贷:累计折旧		3 780
(51)借:管理费用	240	
贷:库存现金		240
(52)借:财务费用	600	
贷:银行存款		600
(53)借:生产成本——A产品	6 784	
——B产品	7 632	
贷:制造费用		14 416
(54)借:库存商品——A产品	50 584	
——B产品	82 032	
贷:生产成本——A产品		50 584
——B产品		82 032
(55)借:营业税金及附加	11 300	
贷:应交税费——应交消费税		11 300
(56)借:主营业务成本	156 880	
贷:库存商品		156 880
(57)借:所得税费用	15 293.52	
贷:应交税费——应交所得税		15 293.52
(58)借:主营业务收入	226 000	
营业外收入	80	
贷:本年利润		226 080
(59)借:本年利润	195 029.52	
贷:主营业务成本		156 880
销售费用		1 800
营业税金及附加		11 300
管理费用		9 156
财务费用		600
所得税费用		15 293.52

(60)借:本年利润　　31 050.48

　　贷:利润分配——未分配利润　　31 050.48

(61)借:利润分配——提取法定盈余公积　　3 105.05

　　贷:盈余公积　　3 105.05

试算平衡表如下(单位:元):

账户名称	期初余额		本期发生额		期末余额	
	借方	贷方	借方	贷方	借方	贷方
库存现金	1 400		39 210	38 844	1 766	
银行存款	54 600		319 340	271 546.20	102 393.80	
应收账款	122 100		152 100	205 980	68 220	
其他应收款	1 500			1 500		
原材料	167 900		90 400	91 960	166 340	
库存商品	78 540		132 616	156 880	54 276	
长期待摊费用	2 160				216	
固定资产	317 800		70 000	16 000	371 800	
固定资产清理			1 040	1 040		
利润分配	27 800		3 105.05	31 050.48		145.43
累计折旧		162 700	15 360	3 780		151 120
短期借款		50 000	30 000			20 000
应付账款		31 600				31 600
应付职工薪酬		10 180	41 120	38 000	7 060	
应交税费		15 650	30 408.20	65 013.52		50 255.32
实收资本		500 000				500 000
盈余公积		3 670		3 105.05		6 775.05
本年利润			226 080	226 080		
主营业务收入			226 000	226 000		
主营业务成本			156 880	156 880		
营业税金及附加			11 300	11 300		
营业外收入			80	80		
在途物资			90 400	90 400		
生产成本			132 616	132 616		
制造费用			14 416	14 416		
销售费用			1 800	1 800		
管理费用			9 156	9 156		
财务费用			600	600		
所得税费用			15 293.52	15 293.52		
合计	773 800	773 800	1 809 320.77	1 809 320.77	766 955.80	766 955.80

2. 科目汇总表如下：

科目汇总表

20X6年6月　单位：元

会计科目	总账页数	本期发生额		记账凭证起止号数
		借方	贷方	
库存现金		39 210	38 844	
银行存款		310 340	271 546.20	
应收账款		152 100	205 980	
其他应收款			1 500	
在途物资		90 400	90 400	
原材料		90 400	91 960	
库存商品		132 616	156 880	
固定资产		70 000	16 000	
累计折旧		15 360	3 780	
固定资产清理		1 040	1 040	
短期借款		30 000		
应付职工薪酬		41 120	3 800	
应交税费		30 408.20	65 013.52	
生产成本	略	132 616	132 616	略
制造费用		14 416	14 416	
主营业务收入		226 000	226 000	
主营业务成本		156 880	156 880	
营业税金及附加		11 300	11 300	
销售费用		1 800	1 800	
管理费用		9 156	9 156	
财务费用		600	600	
营业外收入		80	80	
本年利润		226 080	226 080	
所得税费用		15 293.52	15 293.52	
利润分配		3 105.05	31 050.48	
盈余公积			3 105.05	
合计		1 809 320.77	1 809 320.77	

第一章　总　论

一、单项选择题

1.下列各项中,属于会计基本职能的是(　　)。

A.会计核算与会计预测　　B.会计核算与会计决策

C.会计核算和会计监督　　D.会计核算与会计分析

2.目前我国的行政单位会计采用的会计基础,主要是(　　)。

A.权责发生制　　B.应收应付制

C.收付实现制　　D.统收统支制

3.由于(　　)的存在,才产生了本期与其他期间的差异,从而出现了权责发生制和收付实现制。

A.会计主体　　B.持续经营

C.会计分期　　D.货币计量

4.对本单位财务会计报告的真实性和完整性负责的是(　　)。

A.会计机构负责人　　B.单位负责人

C.记账会计人员　　D.总会计师

5.会计对象是(　　)。

A.生产经营过程

B.企业所有的以货币表现的经济活动

C.会计主体

D.资金运动的数量

6.(　　)是会计的首要职能。

A.会计核算　　B.会计决策

C.会计控制　　D.会计考核

7.某企业2009年3月发生了如下经济业务:①预付下季度房租20 000元;②收到3月份销售商品货款25 000元,款项已存入银行;③购买1 000元的办公用品;④预收购货方定金12 000元,货物尚未发送。以权责发生制为计算基础时,3月份的收支净额为(　　)元。

A.24 000　　B.16 000

C.4 000　　D.36 000

8.企业销售商品时，如果没有将商品所有权上的风险和报酬转移给购货方，即使已经将商品交付给购货方，也不应当确认销售收入，这体现了会计信息质量(　　)的基本要求。

A.谨慎性　　B.实质重于形式

C.相关性　　D.重要性

9.关于会计核算的基本前提，下列说法中不正确的是(　　)。

A.会计基本假设包括会计主体、持续经营、会计分期和货币计量

B.如果企业发生破产清算，经相关部门批准后，可以继续适应持续经营假设

C.在我国，以公历年度作为企业的会计年度，即公历1月1日至12月31日

D.会计的货币计量假设，包含了两层含义，一是以货币作为会计的统一计量单位，二是作为会计计量单位的货币，其币值是稳定不变的

10.一般说来，会计主体与法律主体是(　　)。

A.是有区别的　　B.相互一致的

C.不相关的　　D.相互可替代的

11.下列项目中，不属于会计核算方法的是(　　)。

A.复式记账　　B.成本计算

C.财产清查　　D.编制财务预算

12.界定从事会计工作和提供会计信息的空间范围的会计基本前提是(　　)。

A.会计职能　　B.会计主体

C.会计内容　　D.会计对象

13.企业固定资产可以按照其价值和使用情况，确定采用某一方法计提折旧，它所依据的会计核算前提是(　　)。

A.会计主体　　B.持续经营

C.会计分期　　D.货币计量

二、多项选择题

1.下列组织可以作为一个会计主体进行会计核算的有(　　)。

A.企业集团　　B.民间非营利组织

C.分公司　　D.子公司

2.下列属于会计核算方法的是(　　)。

A.设置会计科目和账户　　B.复式记账

C.会计预测与决策　　D.填制和审核会计凭证

3.下列关于会计主体的说法中,正确的有(　　)。

A.会计主体一定是法律主体

B.会计主体可以是独立法人,也可以是非法人

C.会计主体可以是一个企业,也可是企业中的一个特定组成部分

D.会计主体有可能是单一企业,也可能是几个企业组成的企业集团

4.下列有关会计的说法中,正确的有(　　)。

A.本质上是一种经济管理活动　　B.对经济活动进行核算和监督

C.以货币为主要计量单位　　D.核算特定主体的经济活动

5.下列业务中,属于资金退出的有(　　)。

A.购买材料　　B.缴纳税费

C.对外分配利润　　D.归还银行借款

6.下列各项中,属于会计核算基本前提的有(　　)。

A.会计主体　　B.持续经营

C.会计分期　　D.货币计量

7.资金运动的内容包括(　　)。

A.资金的投入　　B.资金的循环

C.资金的退出　　D.资金的周转

三、判断题

1.会计监督是一种事后监督。(　　)

2.会计主体可以是独立法人,也可以是非法人。(　　)

3.《企业会计准则》规定,会计的确认、计量和报告应当以权责发生制为基础。(　　)

4.收付实现制是以收到或支付的现金作为确认收入和费用的依据。(　　)

5.一个会计主体一定是一个法律主体。(　　)

6.会计只能以货币为计量单位。(　　)

7.按照权责发生制原则的要求,凡是本期实际收到款项的收入和付出款项的费用,不论是否归属于本期,都应当作为本期的收入和费用处理。(　　)

※参考答案：

一、单项选择题

1～5.CCCBB　6～9.AABB

10.A　【解析】会计主体与法律主体是有区别的，一般说来，法律主体是会计主体，但会计主体不一定是法律主体，因此，A正确。

11.D　【解析】会计核算的基本方法包括设置账户、复式记账、填制和审核凭证、登记账簿、成本计算、财产清查、编制财务报表等七种方法，编制财务预算属于管理会计的范畴，不包括在会计核算的方法中。

12.B　【解析】会计主体是指会计工作为其服务的特定单位或组织，它的主要作用在于界定不同会计主体会计核算的范围。

13.B　【解析】企业对于它所有的机器设备、厂房等固定资产，只有在持续经营的前提下，才可以在机器设备的使用年限内，按照其价值和使用情况，确定采用某一折旧方法计提折旧。如果没有持续经营这一基本前提，从理论上说，机器设备等固定资产的价值只能采用实现可变现价值来予以计量。

二、多项选择题

1.ABCD　2.ABD　3.BCD

4.ABCD　【解析】根据会计的定义，会计是以货币为主要计量单位，反映和监督一个单位经济活动的一种经济管理工作，因此四个选项都正确。

5.BCD　【解析】交纳税费、归还银行借款和分配利润属于资金退出，购买原材料属于资金的循环和周转，因此BCD选项正确。

6.ABCD

7.ABCD　【解析】资金的运动包括资金的投入、资金的循环与周转和资金的退出。

三、判断题

1～5.×√√√×

6.×　【解析】会计的计量手段包括货币度量、实物度量和时间度量，但主要以货币为计量单位。

7.×　【解析】按照收付实现制的要求，凡是本期实际收到款项的收入和付出款项的费用，不论是否归属于本期，都应当作为本期的收入和费用处理。按照权责发生制的要求，凡是本期实现的收入和发生的费用，不论款项是否实际收到或实际付出，都作为本期的收入和费用入账。

第二章　会计要素与会计科目

一、单项选择题

1.负债是指企业过去的交易或者事项形成的,预期会导致经济利益流出企业的(　　)。

A.现时义务　　B.潜在义务

C.过去义务　　D.未来义务

2.资产按照现在购买相同或者相似资产所需支付的现金或者现金等价物的金额计量的会计计量属性是(　　)。

A.历史成本　　B.重置成本

C.公允价值　　D.现值

3.企业在对会计要素进行计量时,一般应当采用(　　)。

A.历史成本　　B.重置成本

C.可变净现值　　D.现值

4.下列不属于资产类科目的是(　　)。

A.商品进销差价　　B.委托代销商品

C.分期收款发出商品　　D.代销商品款

5.下列哪些不构成企业的收入(　　)。

A.销售商品一批,价款80万元

B.出租包装物,租金收入1 000元

C.取得罚款收入400元

D.销售低值易耗品收入500元

6.下列选项中,(　　)不属于费用要素。

A.销售费用　　B.应交税费

C.管理费用　　D.财务费用

7.下列各项中,属于表现企业资金运动显著变动状态的会计要素是(　　)。

A.收入　　B.所有者权益

C.资产　　D.负债

8.下列选项中,(　　)不属于企业存货。

A.库存商品　　B.在产品

C.接受外单位委托代销的商品　　D.原材料

9.“管理费用”属于(　　)。

A.资产类科目　　B.成本类科目

C.负债类科目　　D.损益类科目

10.下列选项中,(　　)不属于企业的收入。

A.销售商品一批,收到款项　　B.出租闲置厂房,收到款项

C.年末获得股票分红,收到款项　　D.出售专利技术,收到款项

11.下列选项中,(　　)是对会计要素的具体内容进行分类核算的项目。

A.会计科目　　B.会计账户

C.会计分录　　D.会计报表

12.下列选项中,(　　)不属于流动负债。

A.短期借款　　B.应付账款

C.预付账款　　D.一年内到期的长期负债

13.下列不属于资产类科目的是(　　)。

A.存出保证金　　B.累计摊销

C.商誉　　D.预收账款

14.会计科目与账户的本质区别在于(　　)。

A.反映的经济内容不同

B.记录资产和权益的内容不同

C.记录资产和权益的方法不同

D.账户有结构,而会计科目无结构

15.负债类账户的余额反映的是(　　)。

A.资产的结存情况　　B.负债的结存情况

C.负债的增减变动　　D.负债的形成和偿付

16.关于会计科目,下列说法中不正确的是(　　)。

A.会计科目的设置应该符合国家统一会计准则的规定

B.会计科目是设置账户的依据

C.企业不可以自行设置会计科目

D.账户是会计科目的具体运用

17.下列项目中,与“制造费用”属于同一类科目的是(　　)。

A.固定资产　　B.其他业务成本

C.生产成本　　　　D.主营业务成本

18.“其他业务成本”科目按其所归属的会计要素不同，属于(　　)类科目。

A.成本　　　　B.资产

C.损益　　　　D.所有者权益

19.所设置的会计科目应符合单位自身特点，满足单位实际需要，这一点符合(　　)原则。

A.实用性　　　　B.合法性

C.谨慎性　　　　D.相关性

20.投资人投入的资金和债权人投入的资金投入企业后，形成企业的(　　)。

A.成本　　　　B.费用

C.资产　　　　D.负债

二、多项选择题

1.下列各项中，属于反映财务状况的会计要素的有(　　)。

A.资产　　　　B.负债

C.收入　　　　D.费用

2.下列各项模块中，应确认为企业资产的有(　　)。

A.购入的无形资产　　　　B.已霉烂变质无使用价值的存货

C.融资租入的固定资产　　　　D.计划下个月购入的材料

3.下列各项中，属于企业所有者权益组成部分的有(　　)。

A.股本　　　　B.资本公积

C.盈余公积　　　　D.应付股利

4.下列有关会计科目与账户的说法中，正确的有(　　)。

A.会计科目和账户所反映的会计对象的具体内容是相同的

B.会计科目是账户的名称，也是设置账户的依据

C.账户具有一定的格式和结构，而会计科目没有

D.会计科目和账户的作用是完全相同的

5.下列说法中，正确的有(　　)。

A.会计科目仅是对会计要素具体内容进行分类核算的项目或标志

B.账户是会计科目的具体运用

C.在实际工作中，对账户和会计科目往往不加严格区分，而是相互通用

D.账户没有固定的格式和结构

6.账户的基本结构具体包括(　　)。

A.账户名称和经济业务发生的日期　B.所依据记账凭证的编号

C.交易或事项内容摘要　D.增加金额、减少金额和余额

7.会计科目按其核算详细程度不同,可以分为(　　)。

A.总分类科目　B.子目

C.资产类科目　D.明细科目

8.下列各项中,不属于损益类账户的是(　　)。

A.实收资本　B.利润分配

C.制造费用　D.主营业务收入

9.资产的基本特征包括(　　)。

A.资产应为企业拥有或控制的资源

B.资产预计会给企业带来经济利益

C.资产是由企业过去的交易或者事项形成的

D.资产是由企业将要发生的交易或者事项形成的

10.下列各项中,属于成本类科目的是(　　)。

A.生产成本　B.管理费用

C.制造费用　D.长期待摊费用

11.关于总分类科目与明细分类科目,表述正确的是(　　)。

A.明细分类科目概括地反映会计对象的具体内容

B.总分类科目详细地反映会计对象的具体内容

C.总分类科目对明细分类科目具有控制作用

D.明细分类科目是对总分类科目的补充和说明

三、判断题

1.企业所有的利得和损失均应计入当期损益。(　　)

2.按现值进行会计计量,是指资产按照预计从其持续使用中所产生的未来净现金流入量的折现金额计量;负债按照预计期限内需要偿还和未来净现金流出量折现金额计量。(　　)

3.按公允价值进行会计计量,是指资产和负债按照在公平交易中,熟悉情况的交易双方自愿进行资产交换或者债务清偿的金额计量。(　　)

4.账户的基本结构分为左右两方,左方登记增加,右方登记减少。(　　)

5.账户与会计科目都是会计对象具体内容的科学分类,两者口径一致,但性质不同。(　　)

※参考答案：

一、单项选择题

1～5.ABADC　6～10.BACDD　11～13.ACD

14.D　【解析】会计科目和账户口径一致、内容相同，所不同之处在于账户有结构和格式，而会计科目没有，所以D选项正确。

15.B　【解析】负债类账户的余额反映负债的结存情况，所以B选项正确。

16.C　【解析】由于各企业的经营特点不同，内部经营管理对会计信息的要求不同，允许企业在不违背会计准则的前提下，在不影响会计核算要求和财务报表指标汇总的条件下，可以根据自身的实际情况设置一些科目进行会计核算。

17.C　【解析】选项A属于资产类科目，选项B和选项D属于损益类科目，选项C和"制造费用"同属于成本类科目。

18.C　【解析】"其他业务成本"属于损益类科目。

19.A　【解析】企业应该在合法性原则的基础上，根据企业自身的特点，设置符合企业实际情况的会计科目，这是会计科目设置原则中实用性的要求。

20.C　【解析】投资人投入的资金称为所有者权益，债权人投入的资金称为负债。资金投入企业后，形成企业的资产，资产＝负债＋所有者权益。

二、多项选择题

1.AB　2.AC　3.ABC　4.ABC　5.ABC　6.AD　7.AD　8.ABC

9.ABC

10.AC　【解析】B属于损益类科目，D属于资产类科目。

11.CD　【解析】总分类科目概括地反映会计对象的具体内容，明细分类科目详细地反映会计对象的具体内容。总分类科目对明细分类科目具有统驭和控制作用，而明细分类科目是对总分类科目的补充和说明。

三、判断题

1～5.×√√××

第三章　会计等式和复式记账

一、单项选择题

1.企业最基本的会计等式是(　　)。

A.资产=负债+所有者权益

B.收入-费用=利润

C.资产=负债+(所有者权益+利润)

D.资产=负债+所有者权益+(收入-费用)

2.企业以银行存款偿还债务,表现为(　　)。

A.一项资产增加,另一项资产减少

B.一项负债增加,另一项负债减少

C.一项资产增加,另一项负债增加

D.一项资产减少,另一项负债减少

3.2006年2月财政部颁布的《企业会计准则——基本准则》中明确规定,企业应当采用的记账方法是(　　)。

A.增减记账法　　B.收付记账法

C.单式记账法　　D.借贷记账法

4.复式记账法,是对每一笔经济业务事项都要在(　　)相互联系的账户中进行登记,系统地反映资金运动变化结果的一种记账方法。

A.一个　　B.两个

C.三个　　D.两个或两个以上

5.关于"资产=负债+所有权者权益+(收入-费用)"这一等式,下列说法错误的是(　　)。

A.将会计六项要素有机结合起来

B.完整地反映了企业的资金运动过程

C.揭示了资产负债表要素和利润表要素相互之间的联系和依存关系

D.揭示了收益质量的高低

6.下列账户中,年末结转后一定没有余额的账户是(　　)。

A.银行存款　　B.长期借款

C.本年利润　　　　　　　　　D.资本公积

7.下列选项中,不符合借贷记账法记账规则的是(　　)。

A.资产、资本同时减少　　　　B.两项资产同时增加

C.资产、负债同时增加　　　　D.资产、负债同时减少

8.下列错误中能通过试算平衡查找的是(　　)。

A.某项经济业务重复记账

B.某项经济业务未记账

C.应借、应贷账户中借贷方向颠倒

D.应借、应贷账户中借贷金额不相等

9.“应付账款”账户的期初余额为贷方1 500元,本期贷方发生额为3 000元,借方发生额为2 500元,则该账户的期末余额为(　　)元。

A.借方1 000　　　　B.贷方1 000

C.贷方2 000　　　　D.借方2 000

10.某企业2009年3月份资产增加400万元,负债减少250万元,若不考虑其他因素,则该企业的所有者权益为增加(　　)万元。

A.150　　　　B.650

C.400　　　　D.250

二、多项选择题

1.运用借贷记账法编制会计分录时,可以编制(　　)。

A.一借一贷的分录　　　　B.多借多贷的分录

C.多借一贷的分录　　　　D.一借多贷的分录

2.下列各项表述中,符合总分类账和明细分类账平行登记要求的有(　　)。

A.所依据的会计凭证相同

B.借贷方向相同

C.所属会计期间相同

D.记入总分类账户的金额与记入明细分类账户的合计金额相等

3.下列选项中,属于借贷记账法试算平衡内容的有(　　)。

A.全部资产借方余额之和=全部资产贷方余额之和

B.所有账户借方本期发生额合计=所有账户贷方本期发生额合计

C.所有账户借方期末余额合计=所有账户贷方期末余额合计

D.所有账户借方期初余额合计=所有账户贷方期初余额合计

三、判断题

1.如果试算平衡表借贷平衡,则可以肯定记账无错误。(　　)

2.一笔会计分录主要包括三个要素,即会计科目、记账符号和金额。(　　)

3.以现金发放职工工资,会引起企业的现金减少和支付给职工的工资债务增加。(　　)

4.复式记账法要以资产与权益的平衡关系作为记账基础,对于每笔交易或事项,都要在两个或两个以上的账户中进行登记。(　　)

※参考答案:

一、单项选择题

1~5.ADDDD　6~10.CBDCB

二、多项选择题

1.ABCD　2.ABCD　3.BCD

三、判断题

1~4.×√×√

第四章　会计凭证

一、单项选择题

1.在一定时期内多次记录发生的同类型经济业务的原始凭证是(　　)。

A.一次凭证　　B.累计凭证

C.汇总凭证　　D.通用凭证

2.会计人员在审核原始凭证时发现有一张外来原始凭证金额出现错误,其正确的更正方法是(　　)。

A.由经办人员更正,并报单位负责人批准

B.由出具单位更正,并在更正处加盖公章

C.由审核人员更正,并报会计机构负责人审批

D.由出具单位重新开具

3.记账凭证按照其填列方式,可以分为(　　)。

A.收款凭证、付款凭证和转账凭证

B.借项凭证和贷项凭证

C.单式凭证和复式凭证

D.一次凭证、累计凭证和汇总凭证

4.某单位购入设备一台,价款100万元,用银行存款支付60万元,另40万元则签发了商业汇票。对这一经济业务,单位应编制的记账凭证为(　　)。

A.编制一张转账凭证

B.编制一张收款凭证

C.编制一张付款凭证

D.编制一张转账凭证和一张付款凭证

5.某公司出纳小李将公司现金交存开户银行,应编制(　　)。

A.现金收款凭证　　B.现金付款凭证

C.银行收款凭证　　D.银行付款凭证

6.下列哪项不是记账凭证的基本要素(　　)。

A.记账凭证的名称、日期、编号及经济业务摘要

B.交易或事项涉及的会计科目、记账方向及金额

C.记账标记及原始凭证附件

D.单位负责人签章

7.下列选项中,不属于记账凭证审核的内容的是(　　)。

A.真实性审核　　B.可比性审核

C.技术性审核　　D.完整性审核

8.限额领料单属于(　　)。

A.累计原始凭证　　B.外来原始凭证

C.汇总原始凭证　　D.一次原始凭证

9.下列会计人员对原始凭证审核后的处理正确的是(　　)。

A.对于审核符合要求的原始凭证,应及时据以编制记账凭证登记入账

B.对于真实、合法、合理,但内容不够完整或填写不准确的原始凭证,应拒绝接受,并向单位领导报告

C.对于不真实、不合法的原始凭证,应拒绝接受,并向单位负责人报告

D.对于真实、合法、合理,但内容不够完整或填写不准确的原始凭证,应退回补充和更正

10.下列关于记账凭证填制的基本要求,不正确的是(　　)。

A.记账凭证各项内容必须完整,并且应当连续编号

B.填制记账凭证时若发生错误,应当重新填制

C.记账凭证填制完经济业务事项后,如有空行,应当自金额栏最后一笔金额数字下的空行处至合计数上的空行处划线注销

D.所有的记账凭证都必须附原始凭证

二、多项选择题

1.各种原始凭证必须具备的基本内容包括(　　)。

A.凭证名称、填制日期　　B.接收原始凭证的单位名称

C.经济业务内容　　D.填制单位签章

2.原始凭证的填制,除了记录真实、内容完整、手续完备等基本要求外,还要求做到(　　)。

A.书写清楚规范　　B.填制及时

C. 编号连续　　D.不得涂改、刮擦、挖补

3.记账凭证可以根据(　　)编制。

A.同一日期的所有原始凭证汇总　　B.原始凭证汇总表

C.若干张同一类别的原始凭证汇总　　D.每一张原始凭证

4.可以不附原始凭证的记账凭证有(　　)。

A.一张原始凭证涉及几张记账凭证时

B.更正错误的记账凭证

C.一张原始凭证有多个单位需要共同使用时

D.期末结账的记账凭证

5.下列各项中,对原始凭证的处理正确的是(　　)。

A.对于完全符合要求的原始凭证,应当及时据以编制记账凭证入账

B.对于不真实、不合法的原始凭证,会计机构和会计人员有权不予接受,但不一定要向单位负责人报告

C.对于真实、合法、合理,但内容不够完整、填写有错误的原始凭证,应退回给有关经办人员

D.对于不真实、不合法的原始凭证,会计机构和会计人员有权不予接受,并向单位负责人报告

三、判断题

1.正确填制和审核会计凭证,是会计核算的基本方法之一,也是会计核算工作的起点和基本环节。(　　)

2.会计人员对不真实、不合法的原始凭证,应予以退回,要求更正、补充。(　　)

3.原始凭证记载的各项内容不得涂改。对于填写有误的原始凭证,原始凭证开具单位要负责更正或重新开具,不得拒绝。(　　)

※参考答案:

一、单项选择题

1~5.BDCDB　6~8.DBA

9.A　【解析】对于完全符合要求的原始凭证,应及时据以编制记账凭证入账;对于真实、合法、合理但内容不够完整、填写有错误的原始凭证,应退回,补充完整、更正或重开后,再办理正式会计手续;对于不真实、不合法的原始凭证,会计机构、会计人员有权不予接受,并向单位负责人报告。

10.D

二、多项选择题

1.ABCD　2.ABCD　3.BCD　4.BD　5.ACD

三、判断题

1~3.√×√

第五章　会计账簿

一、单项选择题

1.账簿按用途分类时,管理费用明细账属于(　　)。

A.序时账簿　　B.分类账簿

C.备查账簿　　D.订本账簿

2.最适合用于登记存货的账簿是(　　)。

A.两栏式账簿　　B.三栏式账簿

C.多栏式账簿　　D.数量金额式账簿

3.费用明细账比较适合使用的账簿格式是(　　)。

A.两栏式账簿　　B.三栏式账簿

C.多栏式账簿　　D.数量金额式账簿

4.记账后发现记账凭证填写的会计科目无误,只是所登记的金额大于应记金额,应采用的错账更正方法为(　　)。

A.涂改发　　B.红线更正法

C.红字更正法　　D.补充登记法

5.下列会计账簿中,可以跨年度连续使用的是(　　)。

A.总账　　B.日记账

C.固定资产卡片账　　D.费用明细账

6.下列账簿中,可以采用卡片式账簿的是(　　)。

A.日记总账　　B.固定资产总账

C.租入固定资产登记簿　　D.固定资产明细账

7.记账人员根据记账凭证登记完毕账簿后,要在记账凭证上注明已经登账的符号,这主要是为了(　　)。

A.明确记账责任　　B.避免错行或隔页

C.避免重记或漏记　　D.防止凭证丢失

8.下列哪项不是总分类账户与明细分类账户的平行登记要点(　　)。

A.依据相同　　B.方向相同

C.金额相等　　D.账簿相同

9.下列明细分类账户中,可以采用数量金额式的是(　　)明细分类账。

A.管理费用　　B.应付账款

C.库存商品　　D.长期待摊费用

10.(　　)是按照经济业务发生先后顺序逐日逐笔登记的账簿。

A.分类账　　B.明细账

C.序时账　　D.备查账

11.对所属的明细分类科目起统驭作用的会计科目是(　　)。

A.三级科目　　B.一级科目

C.二级科目　　D.明细科目

12.某企业收回应收账款9 000元,在填制记账凭证时,误将金额记为900元,并已登记入账。上述错误更正时应编制的会计分录为(　　)。

A.借:银行存款　　8 100

　　贷:应收账款　　8 100

B.借:银行存款　　-8 100

　　贷:应收账款　　-8 100

C.借:应收账款　　900

　　贷:银行存款　　900

D.借:银行存款　　900

　　贷:应收账款　　900

13.下列不属于错账的更正方法的是(　　)。

A.顺查法　　B.划线更正法

C.红字更正法　　D.补充更正法

14.(　　)一般不需要采用订本式账簿。

A.总分类账　　B.现金日记账

C.银行存款日记账　　D.明细分类账

15.下列账簿记录情况中,可以用划线更正法更正错误的是(　　)。

A.在结账前发现账簿记录有文字或数字错误,而记账凭证没有错

B.登账后发现记账凭证中会计科目发生错误

C.登账后发现记账凭证中科目正确但所记金额小于应记金额

D.登账后发现记账凭证中应借、应贷方向发生错误

二、多项选择题

1.下列关于账簿与账户的关系表述中,正确的有(　　)。

A.账户存在于账簿之中,没有账簿,账户就无法存在
B.账簿存在于账户之中,没有账户,账簿就无法存在
C.账户只是一个外在形式,账簿才是它的真实内容
D.账簿只是一个外在形式,账户才是它的真实内容
2.下列对账项目中,属于账实核对的有(　　)。
A.会计账簿记录与会计凭证核对
B.银行存款日记账与银行对账单核对
C.总分类账与所属明细分类账核对
D.债权债务明细账与对方单位账簿记录核对
3.下列情况中,可以用红色墨水记账的有(　　)。
A.按照红字冲账的记账凭证,冲销错误记录
B.在不设借贷等栏的多栏式账页中,登记减少数
C.在三栏式账簿的余额栏前,如未印明余额方向的,在余额栏内登记负数余额
D.根据国家统一会计制度的规定,可以用红字登记的其他会计记录
4.对账工作的主要内容包括(　　)。
A.账证核对　　B.账账核对
C.账实核对　　D.账表核对

三、判断题

1.对于明细账的核算,除用货币计量反映经济业务外,必要时还需要用实物计量或劳动计量单位从数量和时间上进行反映,以满足经营管理的需要。(　　)

2.会计账簿是指由一定格式账页组成的,以经过审核的会计凭证为依据,全面、系统、连续地记录各项经济业务的簿籍。(　　)

3.结账是指年度终了时,为了编制会计报表而进行的一项将账簿记录结算清楚的账务工作。(　　)

4.原材料明细账的每一账页登记完毕结转下页时,可以只将每页末的余额结转次页,不必将本页的发生额结转次页。(　　)

5.受托加工来料不必在账簿中登记。(　　)

6.单位为了将本期与下期的会计记录分开,结账时一般划结账线,月结划单红线,年结划双红线。划线只在账页中的金额部分划线。(　　)

※参考答案：

一、单项选择题

1～5.BDCCC　6～10.DCDCC　11～15.BAADA

二、多项选择题

1.AD　2.BD　3.ABCD　4.ABC

三、判断题

1～5.√√√√×　6.×

第六章　账务处理程序

一、单项选择题

1.汇总记账凭证账务处理程序的优点:一是可以减少登记总账的工作量,二是(　　)。

A.简单明了,易于理解　　B.便于了解账户间的对应关系

C.简明易懂　　D.可以做到试算平衡

2.(　　)账务处理程序是最基本的账务处理程序,是其他账务处理程序的基础。

A.记账凭证　　B.科目汇总表

C.日记总账　　D.汇总记账凭证

3.下列哪项不是科目汇总表账务处理程序的优点(　　)。

A.减轻了登记总账的登记工作

B.可以对发生额进行试算平衡

C.简明易懂,方便易学

D.反映账户之间的对应关系,便于查对账目

4.科目汇总表账务处理程序的特点是(　　)。

A.根据记账凭证直接登记总分类账

B.根据科目汇总表登记总分类账

C.根据汇总记账凭证登记总分类账

D.根据记账凭证逐笔登记日记总账

5.常见的三种账务处理程序中,会计报表是根据(　　)资料编制的。

A.日记账、总账和明细账　　B.日记账和明细分类账

C.明细账和总分类账　　D.日记账和总分类账

6.在各种不同账务处理程序中,不能作为登记总账依据的是(　　)。

A.记账凭证　　B.汇总记账凭证

C.汇总原始凭证　　D.科目汇总表

7.汇总记账凭证账务处理程序与科目汇总表账务处理程序的相同点是(　　)。

A.登记总账的依据相同　　　　　　B.记账凭证的汇总方法相同

C.保持了账户间的对应关系　　　　D.简化了登记总分类账的工作量

8.关于记账凭证账务处理程序,下列说法不正确的是(　　)。

A.根据记账凭证逐笔登记总分类账,是最基本的账务处理程序

B.简单明了,易于理解,总分类账可以较详细地反映经济业务的发生情况

C.登记总分类账的工作量较大

D.适用于规模较大、经济业务较多的单位

9.各种账务处理程序之间的区别在于(　　)。

A.总账的格式不同　　　　　　　B.编制会计报表的依据不同

C.登记总账的程序和方法不同　　　D.会计凭证的种类不同

二、多项选择题

1.汇总记账凭证账务处理程序与科目汇总表账务处理程序的共同点有(　　)。

A.减少登记总账的工作量

B.总账可以比较详细地反映经济业务的发生情况

C.有利于查账

D.均适用于经济业务较多的单位

2.记账凭证账务处理程序与汇总记账凭证账务处理程序的相同之处在于(　　)。

A.根据原始凭证或汇总原始凭证编制记账凭证

B.根据收、付款凭证逐笔登记现金日记账和银行存款日记账

C.根据各种记账凭证和有关原始凭证或原始凭证汇总表登记明细账

D.根据记账凭证逐笔登记总分类账

3.对于汇总记账凭证账务处理程序,下列说法错误的有(　　)。

A.登记总账的工作量大

B.不能体现账户之间的对应关系

C.明细账与总账无法核对

D.当转账凭证较多时,汇总转账凭证的编制工作量较大

4.各种会计账务处理程序下,登记明细账的依据可能有(　　)。

A.原始凭证　　　　　　　　　　B.汇总原始凭证

C.记账凭证　　　　　　　　　　D.汇总记账凭证

5.在我国,常用的账务处理程序主要有(　　)。

A.记账凭证账务处理程序　　B.汇总记账凭证账务处理程序

C.多栏式日记账账务处理程序　　D.科目汇总表账务处理程序

6.在常见的账务处理程序中,共同的账务处理工作有(　　)。

A.均应填制和取得原始凭证　　B.均应编制记账凭证

C.均应填制汇总记账凭证　　D.均应设置和登记总账

7.各种账务处理程序的相同之处是(　　)。

A.根据原始凭证编制汇总原始凭证

B.根据原始凭证和记账凭证登记明细账

C.根据收款凭证和付款凭证登记现金、银行存款日记账

D.根据总账和明细账编制会计报表

8.以记账凭证为依据,按有关账户的贷方设置,按借方账户归类的有(　　)。

A.汇总收款凭证　　B.汇总转账凭证

C.汇总付款凭证　　D.科目汇总表

三、判断题

1.记账凭证账务处理程序、汇总记账凭证账务处理程序、科目汇总表账务处理程序的不同之处在于登记总账的依据和程序不同。(　　)

2.记账凭证账务处理程序是最基本的账务处理程序,其特点就是登记账簿的工作较量小。(　　)

3.科目汇总表账务处理程序的优点是能较好地反映账户的对应关系。(　　)

4.编制会计报表是企业账务处理程序的组成部分。(　　)

※参考答案:

一、单项选择题

1~4.BADB

5.C　【解析】三种账务处理程序中,会计报表都是根据明细账和总分类账编制的。

6.C　【解析】记账凭证账务处理程序根据记账凭证登记总账,汇总记账凭证账务处理程序根据各种汇总记账凭证登记总账,科目汇总表账务处理程序根据科目汇总表登记总分类账。

7.D　【解析】汇总记账凭证账务处理程序与科目汇总表账务处理程序的相同点是简化了登记总分类账的工作量。

8.D 【解析】记账凭证账务处理程序适用于规模较小、经济业务较少的单位。

9.C 【解析】一种账务处理程序区别于另一种账务处理程序，主要在于登记总分类账的程序和方法不同。

二、多项选择题

1.AD 2.ABC

3.ABC 【解析】汇总记账凭证账务处理程序的优点：减轻了登记总分类账的工作量，便于了解账户之间的对应关系；缺点：按每一贷方科目编制汇总转账凭证，不利于会计核算的日常分工，当转账凭证较多时，编制汇总转账凭证的工作量较大。

4.ABC 【解析】三种账务处理程序均可以根据原始凭证、汇总原始凭证和记账凭证，登记各种明细分类账。

5.ABD 【解析】在我国，常用的账务处理程序主要有三种：记账凭证账务处理程序、汇总记账凭证账务处理程序、科目汇总表账务处理程序。

6.ABD 【解析】汇总记账凭证账务处理程序应该填制汇总记账凭证，其他两种账务处理程序不需要填制汇总记账凭证。

7.ABCD 【解析】参见教材上账务处理程序的图示。

8.BC 【解析】编制汇总记账凭证时，汇总收款凭证应该按照有关账户的借方设置，按照贷方账户归类；汇总付款凭证和汇总转账凭证应该按照有关账户的贷方设置，按照借方账户归类。

三、判断题

1~4.√××√

第七章　财产清查

一、单项选择题

1.库存现金的清查应采用的方法是(　　)。

A.对账单法　　　　B.技术分析法

C.查询核实法　　　　D.实地盘点法

2.某企业在财产清查中,盘亏现金1 000元,其中400元应由出纳员赔偿,另外600元无法查明原因。现经批准后,转销现金盘亏的会计分录为(　　)。

A.借:待处理财产损益　　1 000
　　贷:库存现金　　1 000

B.借:管理费用　　600
　　营业外支出　　400
　　贷:库存现金　　1 000

C.借:管理费用　　600
　　其他应收款　　400
　　贷:库存现金　　1 000

D.借:管理费用　　600
　　其他应收款　　400
　　贷:待处理财产损益　　1 000

3.某企业在财产清查过程中,盘盈材料一批,价值为10 000元,报经批准后,会计处理上应贷记(　　)科目。

A.营业外收入　　　　B.管理费用

C.原材料　　　　D.营业外支出

4.企业某种库存商品因自然损耗造成的短缺,经批准核销后,应借记(　　)账户。

A.管理费用　　　　B.营业外支出

C.其他应收款　　　　D.待处理财产损益

5.下列说法中,错误的是(　　)。

A.未达账项不是错账、漏账

B.未达账项只应在银行存款余额调节表中进行调节

C.未达账项不能据以进行任何账务处理

D.对未达账项调节后，银行存款日记账账面余额和银行存款对账单余额一定会一致

6.现金和实物的清查都可采用的方法是(　　)。

A.核对账目法　　B.技术推算法

C.实地盘点法　　D.发函询证法

7.在进行实物财产清查时，对下列哪项财产不用发函询证法(　　)。

A.委托外单位加工的物资　　B.委托外单位保管的物资

C.现金　　D.在途物资

8.企业收到并已入账的销货款，但银行尚未入账，由此形成的未达账项，企业会计人员在编制“银行存款余额调节表”时，应将(　　)。

A.银行对账单余额方调增

B.银行对账单余额方调减

C.企业银行存款日记账余额方调增

D.企业银行存款日记账余额方调减

9.(　　)不属于有价证券。

A.国库券　　B.银行汇票

C.企业债券　　D.股票

10.某企业2009年1月31日银行存款日记账余额为980 000元，银行对账单余额为1 008 000元，经双方核对查明，是由于下列未达账项所致：①企业于1月30日从其他单位收到转账支票一张，计50 000元，企业已入账，银行未入账。②企业于1月31日开出转账支票购买原材料，计68 000元，企业已入账，银行未入账。③银行于1月31日收到其他公司汇给企业的销售款40 000元，银行已入账，企业未入账。④银行于1月31日扣企业借款利息30 000元，企业未收到银行计息单而尚未入账。该企业调整后的银行存款实际余额是(　　)元。

A.96 200　　B.970 000

C.1 018 000　　D.990 000

二、多项选择题

1.一般而言，以下情况中，需要进行财产全面清查的有(　　)。

A.单位主要负责人调离工作　　B.单位撤销、分立

C.单位改变隶属关系　　D.开展清产核资

2.下列未达账项中，会使本企业“银行存款日记账账面余额”大于银行对账单的有(　　)。

A.企业已收、银行未收款　　B.银行已收、企业未收款

C.银行已付、企业未付款　　D.企业已付、银行未付款

3.某企业在财产清查中，发现短缺设备一台，账面原值30 000元，已计提折旧10 000元，在报经批准前，企业应做会计分录的借方为(　　)。

A.“待处理财产损益”30 000元　　B.“营业外支出”20 000元

C.“累计折旧”10 000元　　D.“待处理财产损益”20 000元

4.财产清查中填制的“账存实存对比表”是(　　)。

A.调整账簿的原始凭证　　B.财产清查的重要报表

C.登记日记账的直接依据　　D.调整账簿记录的记账凭证

5.国家统一的会计制度和单位内部会计控制制度对于财产清查结果处理的规定和要求是(　　)。

A.分析产生差异的原因和性质，提出处理建议

B.积极处理多余积压财产，清理往来款项

C.总结经验教训，建立健全各项管理制度

D.及时调整账簿记录，保证账实相符

6.下列项目中，属于调增项目的是(　　)。

A.企业已收，银行未收　　B.企业已付，银行未付

C.银行已收，企业未收　　D.银行已付，企业未付

三、判断题

1.定期财产清查的对象不定，可以是全面清查也可以是局部清查。(　　)

2.财产清查时应本着先认定质量，后清查数量、核对有关账簿记录等的原则进行。(　　)

3.“现金盘点报告表”由盘点人签章后即可生效。(　　)

4.企业财产清查中，发现账外设备一台，报经批准后，应冲减“营业外支出”。(　　)

5.在财产清查中，一般地说，定期清查是全面清查，不定期清查是局部清查。(　　)

※参考答案：

一、单项选择题

1～5.DDBAD　6～9.CCAB

10.D　【解析】980 000 + 40 000 − 30 000 = 990 000(元)。

二、多项选择题

1.ABCD　2.AC　3.CD　4.AB　5.ABCD

6.AC　【解析】企业已收，银行未收，应调增银行对账单余额；银行已收，企业未收，应调增银行存款日记账余额。

三、判断题

1～5.√××××

第八章　财务会计报告

一、单项选择题

1.股东(投资者)作为财务会计报告的使用者之一,其主要关注(　　)。

A.企业财务状况的好坏、经营业绩的大小以及现金的流动情况

B.职工福利的好坏

C.投资的内在风险和投资报酬情况

D.企业的兴衰及其发展情况

2.季度财务会计报告应于每季度终了后的(　　)日内报出。

A.10　　B.15

C.6　　D.30

3.在资产负债表中,下列属于非流动资产项目的是(　　)。

A.其他应收款　　B.交易性金融资金

C.可供出售金融资金　　D.预付账款

4.我国企业的资产负债表采用(　　)结构。

A.多步式　　B.报告式

C.单步式　　D.账户式

5.反映企业在一定会计期间经营成果的报表是(　　)。

A.资产负债表　　B.利润表

C.现金流量表　　D.所有者权益变动表

6.在编制资产负债表时,不能根据有关账户的期末余额直接填列的项目是(　　)。

A.应收票据　　B.短期借款

C.预计负债　　D.存货

7.以下哪项不是利润表中的项目(　　)。

A.管理费用　　B.其他业务收入

C.营业外收入　　D.所得税

8.资产负债表的作用是反映企业(　　)。

A.某一时期的经营成果　　B.某一时期的财务状况

C.某一时点的经营成果　　　　　　　D.某一时点的财务状况

9.资产负债表的资产项目通常按照(　　)的顺序排列。

A.货币资金、应收账款、长期股权投资、存货、固定资产

B.货币资金、应收账款、存货、长期股权投资、固定资产

C.应收账款、货币资金、长期股权投资、存货、固定资产

D.应收账款、货币资金、存货、固定资产、长期股权投资

10.填制资产负债表“存货”项目的主要依据不包括(　　)。

A.原材料　　　　　　　B.生产成本

C.工程物资　　　　　　D.存货跌价准备

二、多项选择题

1.下列属于中期财务会计报告的有(　　)。

A.季报　　　　　　　B.半年报

C.月报　　　　　　　D.年报

2.下列各项中,属于财务会计报告编制基本要求的有(　　)。

A.相关可比　　　　　B.全面完整

C.真实可靠　　　　　D.历史成本

3.下列各项中,属于流动负债的有(　　)。

A.应付职工薪酬　　　B.专项应付款

C.应付债券　　　　　D.应付股利

4.新《企业会计准则》规定,中期财务会计报告至少应当包括(　　)。

A.资产负债表　　　　B.利润表

C.现金流量表　　　　D.附注

5.在资产负债表“负债及所有者权益”方填列的项目是(　　)。

A.累计折旧　　　　　B.长期应付款

C.预付账款　　　　　D.预收账款

6.下列会计科目中,属于流动资产的有(　　)。

A.应收账款　　　　　B.预付账款

C.无形资产　　　　　D.存货

7.资产负债表中,“货币资金”项目应根据哪些账户的期末余额合计填列(　　)。

A.现金　　　　　　　B.银行存款

C.其他应收款　　　　D.其他货币资金

三、判断题

1.财务会计报告的使用者通常包括投资者、债权人、政府及相关机构、企业管理人员、职工和社会公众等。(　　)

2.我国《小企业会计制度》规定,小企业的财务会计报告必须包括现金流量表。(　　)

3.按照我国企业会计准则的规定,我国企业的利润表采用单步式。(　　)

4.根据我国《企业财务会计报告条例》的规定,年度和半年度财务会计报告应当包括会计报表的附注。(　　)

※参考答案:

一、单项选择题

1.A

2.B 【解析】月报、季报、半年报、年报依次在每月终了后6日、15日、60日内、4个月报出。

3.C　4.D　5.B　6~10.DBDBC

二、多项选择题

1.ABC　2.ABC　3.AD　4.AB　5.BD　6.ABD　7.ABD

三、判断题

1~4.√×××

第九章　会计档案

一、单项选择题

1.下列不属于会计档案的是(　　)。

A.固定资产卡片账　　B.辅助账簿

C.银行存款余额调节表　　D.企业财务计划

2.各单位每年形成的会计档案,都应由(　　)按照归档要求,负责整理立卷,装订成册,编制会计档案保管清册。

A.会计机构　　B.档案管理部门

C.会计师事务所　　D.业务部门

3.根据《会计档案管理办法》的规定,在我国境内所有单位的会计档案(　　)。

A.可以携带出境

B.不得携带出境

C.经本单位负责人批准后,可携带出境

D.经安全部门批准后,可携带出境

4.应当永久保存的会计档案是(　　)。

A.月度财务会计报告　　B.会计档案销毁清册

C.银行存款余额调节表　　D.现金日记账

5.企业按规定销毁会计档案时,应(　　)。

A.由档案室保管人员销毁

B.由会计人员销毁

C.由单位负责人亲自销毁

D.由单位档案管理机构和会计机构共同派员监督销毁

6.下列说法正确的是(　　)。

A.会计档案销毁清册需要保管15年

B.银行存款余额调节表需要保管5年

C.固定资产卡片账应保管15年

D.现金日记账需要保管15年

二、多项选择题

1.下列各项中，需要永久保存的会计档案有（　　）。

A.银行存款日记账　　B.国家金库年报

C.行政单位决算　　D.会计档案保管清册

2.下列关于会计档案销毁的说法中，正确的有（　　）。

A.正在项目建设期间的建设单位，其保管期满的会计档案不得销毁

B.对于保管期满但未结清的债权债务原始凭证，可以销毁

C.单位负责人应当在会计档案销毁清册上签署意见

D.单独抽出立卷的会计档案，只要在会计档案销毁清册中列明

3.下列哪些属于会计档案（　　）。

A.会计凭证　　B.会计账簿

C.财务会计报告　　D.产品销售计划

4.关于会计档案的销毁，下列说法中正确的有（　　）。

A.单位销毁会计档案时，单位档案机构和会计机构应共同派员监销

B.国家机关销毁会计档案时，应由同级财政部门和审计部门派员参加监销

C.财政部门销毁会计档案时，应由同级审计部门派员参加监销

D.由单位负责人主持会计档案的销毁

5.下列属于会计档案的内容的有（　　）。

A.记账凭证　　B.明细分类账

C.会计报表　　D.银行存款余额调节表

三、判断题

1.当年形成的会计档案，在会计年度终了，可暂由本单位财务会计部门保管一年。（　　）

2.固定资产卡片于固定资产报废清理后保管3年。（　　）

3.单位因撤销、解散、破产或者其他原因而终止，在终止和办理注销会计手续之前形成的会计档案，只能全部移交至终止单位的业务主管部门保管。（　　）

4.财政部门销毁会计档案时，应当由同级监察部门派员参加监销。（　　）

5.正在项目建设期间的建设单位，其保管期满的会计档案可以销毁。（　　）

6.各单位保存的会计档案原则上不得借出，但如有特殊需要，经本单位负责人批准后，可以借出。（　　）

7.本单位的会计档案机构为方便保管会计档案，可以根据需要对其拆封重新整理。(　　)

※参考答案：

一、单项选择题

1~5.DABBD

6.B　【解析】会计档案销毁清册应该永久保存，固定资产卡片账应该在固定资产报废清理后继续保存5年，现金日记账需要保管25年。

二、多项选择题

1.BCD　2.AC　3.ABC　4.ABC

5.ABCD　【解析】会计档案包括会计凭证、会计账簿、财务会计报告和其他会计资料。其中，会计凭证包括记账凭证和原始凭证；会计账簿包括日记账、总分类账和明细分类账等；财务会计报告包括会计报表、报表附注和财务情况说明书；其他会计资料包括银行存款余额调节表、银行对账单、其他应当保存的会计核算专业资料、会计档案移交清册、会计档案保管清册、会计档案销毁清册。

三、判断题

1~5.√××√×

6.×　【解析】各单位保存的会计档案不得借出，如有特殊需要，经本单位负责人批准后，可以提供查阅或复制，并办理登记手续。

7.×　【解析】移交本单位档案机构保管的会计档案，原则上应当保持原卷册的封装，个别需要拆封重新整理的，档案机构应当会同原财务会计部门和经办人员共同拆封整理，以分清责任。

第十章　主要经济业务事项账务处理

单项选择题

1.某企业以银行存款偿还到期的短期借款5 000元，同时支付本期借款利息300元，正确的会计分录是（　　）。

A.借：短期借款　　5 300
　　贷：银行存款　　5 300

B.借：应付账款　　5 300
　　贷：银行存款　　5 300

C.借：短期借款　　5 000
　　应付账款　　300
　　贷：银行存款　　5 300

D.借：短期借款　　5 000
　　财务费用　　300
　　贷：银行存款　　5 300

2.经批准，A企业用盈余公积10 000元转增资本，正确的会计分录是（　　）。

A.借：实收资本　　10 000
　　贷：盈余公积　　10 000

B.借：资本公积　　10 000
　　贷：盈余公积　　10 000

C.借：盈余公积　　10 000
　　贷：资本公积　　10 000

D.借：盈余公积　　10 000
　　贷：实收资本　　10 000

3.企业计算应缴纳的所得税时，正确的会计分录是（　　）。

A.借：本年利润
　　贷：所得税

B.借：管理费用
　　贷：所得税

C.借:所得税费用

　　贷:银行存款

D.借:所得税费用

　　贷:应交税——应交所得税

4.某企业计提2009年3月份车间管理人员工资,应计入(　　)账户。

A.生产成本　　B.财务费用

C.管理费用　　D.制造费用

5.2009年3月份,某企业损益类账户的余额如下:营业收入(贷方)55 000元,营业外收入(贷方)5 000元,投资收益(贷方)15 000元,销售费用(借方)3 000元,营业成本(借方)21 000元,则该企业3月份的营业利润为(　　)。

A.51 000元　　B.46 000元

C.31 000元　　D.34 000元

6.用银行存款支付企业3月份广告费5 000元,该笔业务的会计分录应表示为(　　)。

A.借:管理费用　　5 000

　　贷:银行存款　　5 000

B.借:销售费用　　5 000

　　贷:银行存款　　5 000

C.借:财务费用　　5 000

　　贷:银行存款　　5 000

D.借:制造费用　　5 000

　　贷:银行存款　　5 000

7.公司用公积金转增资本时,所留存的该项公积金不得少于转增前公司注册资本的(　　)。

A.30%　　B.15%

C.25%　　D.50%

8.下列各项中,属于让渡资产使用权收入的是(　　)。

A.出售固定资产获得的收入　　B.利息收入

C.转让无形资产所有权获得的收入　　D.出售原材料获得的收入

9.下列各项中,不应计入营业外支出的是(　　)。

A.资产减值损失　　B.公益性捐赠支出

C.债务重组损失　　D.非流动资产处置损失

10.某公司职工刘某预支差旅费8 000元,财务部门以现金支付。下列会计分录正确的是(　　)。

A.借:其他应收款——刘某　　8 000

　　贷:库存现金　　8 000

B.借:应收账款——刘某　　8 000

　　贷:库存现金　　8 000

C.借:其他应收款——刘某　　8 000

　　贷:现金　　8 000

D.借:管理费用　　8 000

　　贷:库存现金　　8 000

11.某企业购进机器设备一台,价值200 000元,预计使用年限为8年,预计残值为5 000元,预计清理费用为1 000元。该企业固定资产折旧采用年限平均法,则该机器设备的月折旧率是(　　)。

A.1.02%　　B.12.24%

C.1.04%　　D.2%

12.2008年12月31日,甲公司应支付其销售部职工工资200 000元、社会保险40 000元,下列会计分录正确的是(　　)。

A.借:管理费用　　240 000

　　贷:应付职工薪酬——工资　　200 000

　　　　　　　　——社会保险费　　40 000

B.借:销售费用　　240 000

　　贷:应付职工薪酬——工资　　200 000

　　　　　　　　——职工福利　　40 000

C.借:销售费用　　240 000

　　贷:应付职工薪酬——工资　　200 000

　　　　　　　　——社会保险费　　40 000

D.借:制造费用　　240 000

　　贷:应付职工薪酬——工资　　200 000

　　　　　　　　——职工福利　　40 000

13.2010年9月1日,甲公司发行5年期长期债券,面值总额为10 000 000元,年利率为3%,每半年付息一次,到期还本。本年度甲公司应计提的债券利息额为(　　)元。

A. 300 000　　B. 150 000

C. 120 000　　D. 100 000

※参考答案：

单项选择题

1～4. DDDD

5. B 【解析】利润＝55 000＋15 000－3 000－21 000＝46 000(元)。

6～10. BDBAA

11. A 【解析】月折旧率＝(1－4 000/200 000)÷8÷12＝0.010 208。

12. C

13. D 【解析】利息＝10 000 000×3%×4/12＝100 000(元)。

试题一

一、单项选择题（每小题1分，共20分）

1.生产费用按其经济用途分类，称为成本项目。制造业的成本项目可以分为直接材料、直接人工和（　　）。

A.管理费用　　B.销售费用

C.制造费用　　D.财务费用

2.H公司年末“应收账款”科目的借方余额为100万元，“预收账款”科目贷方余额为150万元，其中，明细账的借方余额为15万元，贷方余额为165万元。“应收账款”对应的“坏账准备”期末余额为8万元，该企业年末资产负债表中“应收账款”项目的金额为（　　）万元。

A.165　　B.150

C.15　　D.107

3.某企业负债总额为100万元，所有者权益总额为200万元，在收到客户偿还的前欠账款50万元存入银行，并以银行存款20万元偿还短期借款后，该企业资产总额为（　　）万元。

A.280　　B.300

C.330　　D.350

4.2012年3月，某企业损益类账户的余额如下：营业收入（贷方）55 000元，营业外收入（贷方）5 000元，投资收益（贷方）15 000元，销售费用（借方）3 000元，营业成本（借方）21 000元，则该企业3月份的营业利润为（　　）。

A.51 000元　　B.46 000元

C.31 000元　　D.34 000元

5.银行存款账户期初账面余额为10 000元，本期存入300 000元，支付250 000元，银行存款账户期末余额为（　　）元。

A.60 000　　B.90 000

C.560 000　　D.10 000

6.某企业根据一项不涉及库存现金与银行存款的会计业务编制记账凭

证，由于涉及项目较多，需填制两张记账凭证，则记账凭证编号为(　　)。

A.转字第××号　　B.收字第××号

C.转字第1/2号和转字第2/2号　　D.收字第1/2和收字第2/2号

7.企业以银行存款偿还债务，表现为(　　)。

A.一项资产增加，另一项资产减少

B.一项负债增加，另一项负债减少

C.一项资产增加，另一项负债增加

D.一项资产减少，另一项负债减少

8.企业发生固定资产盘盈，应通过(　　)账户进行核算。

A.待处理财产损益　　B.营业外收入

C.营业外支出　　D.以前年度损益调整

根据下列资料完成第9～20题：

某企业第一季度发生下列经济业务：

(1)1月份预收货款5 000元，款项已存入银行；发生销售收入8 000元，货款未收；预付第一季度的水电费600元。

(2)2月份收到上月销售款8 000元，款项已存入银行；发生销售收入8 000元，收到6 000元，余款2 000元下月支付；本月以现金支付购入办公用品费700元。

(3)3月份收到上月销售款2 000元；发生销售收入7 000元，款项已存入银行；预收货款11 000元；发生销售费用4 600元；支付第一季度的利息3 600元；预付第二季度的保洁费1 200元。

9.按收付实现制计算，该企业1月份的收入为(　　)元。

A.8 000　　B.0

C.5 000　　D.4 400

10.按收付实现制计算，该企业1月份的费用为(　　)元。

A.200　　B.8 000

C.600　　D.5 000

11.按权责发生制计算，该企业1月份的收入为(　　)元。

A.8 000　　B.12 400

C.5 000　　D.13 000

12.按权责发生制计算，该企业1月份的费用为(　　)元。

A.600　　B.1 400

C.200　　D.1 800

13.按收付实现制计算,该企业2月份的收入为(　　)元。

A.8 000　　B.14 000

C.17 000　　D.9 000

14.按收付实现制计算,该企业2月份的费用为(　　)元。

A.700　　B.900

C.2 100　　D.2 500

15.按权责发生制计算,该企业2月份的收入为(　　)元。

A.16 000　　B.14 000

C.8 000　　D.6 000

16.按权责发生制计算,该企业2月份的费用为(　　)元。

A.700　　B.900

C.2 100　　D.2 500

17.按收付实现制计算,该企业3月份的收入为(　　)元。

A.13 000　　B.20 000

C.10 600　　D.7 000

18.按收付实现制计算,该企业3月份的费用为(　　)元。

A.8 200　　B.6 400

C.6 000　　D.9 400

19.按权责发生制计算,该企业3月份的收入为(　　)元。

A.13 000　　B.20 000

C.10 600　　D.7 000

20.按权责发生制计算,该企业3月份的费用为(　　)元。

A.8 200　　B.36

C.6 000　　D.9

二、多项选择题（每小题2分，共40分）

1.下列选项中,反映企业财务状况的会计要素包括(　　)。

A.所有者权益　　B.资产

C.财务费用　　D.负债

2.下列账户的明细账账页格式应采用三栏式的有(　　)。

A.原材料　　B.预付账款

C.应收账款　　D.应付账款

3.下列说法正确的有(　　)。

A.出现权责发生制和收付实现制的区别,其原因是会计分期假设的存在

B.由于有了会计分期假设,才进而出现了应收、应付、摊销等会计处理方法

C.持续经营的前提不存在,企业就应当改变会计核算的方法

D.难以用货币来计量的事项,企业不必在财务报告中补充披露其有关财务信息

4.下列项目中,属于会计核算方法的是(　　)。

A.成本计算　　B.财产清查

C.复式记账　　D.设置账户

5.进行局部财产清查时,正确的做法包括(　　)。

A.现金每月清点一次

B.银行存款每月至少同银行核对一次

C.贵重物品每月盘点一次

D.债权债务每年至少核对一次

6.有关资产负债表的下列项目中,需要根据其明细科目余额计算填列的有(　　)。

A.应收账款　　B.应收票据

C.应付账款　　D.货币资金

7.下列各项中,属于原始凭证填制要求的有(　　)。

A.任何原始凭证都必须加盖单位公章

B.有大小写的原始凭证,大小写必须相等

C.原始凭证的填制要及时

D.原始凭证的书写要规范

8.下列会计等式正确的有(　　)。

A.资产=权益

B.资产-负债=所有者权益

C.资产+费用=负债+所有者权益+收入

D.资产+负债=所有者权益

9.会计账簿登记规则包括(　　)。

A.记账必须以审核无误的会计凭证为依据

B.按页次顺序连续记账,不得跳行隔页

C.每页记账完毕应结出余额,无余额的应在方向栏写“平”字,余额栏元位上写“零”字

D.一般只能用蓝黑水的钢笔,不得用圆珠笔和铅笔

10.下列关于会计档案销毁的说法中,正确的有(　　)。

A.正在项目建设期间的建设单位,其保管期满的会计档案不得销毁

B.对于保管期满但未结清的债权债务原始凭证,可以销毁

C.单位负责人应当在会计档案销毁清册上签署意见

D.单独抽出立卷的会计档案,只需在会计档案销毁清册中列明

11.造成企业银行存款日记账余额小于银行对账单余额的情形有(　　)。

A.企业已入账,但银行尚未入账的收入款项

B.企业已入账,但银行尚未入账的支出款项

C.银行已入账,但企业尚未入账的收入款项

D.银行已入账,但企业尚未入账的支出款项

12.下列经济业务中,使资产与权益同减的有(　　)。

A.收回购货单位前欠货款,存入银行

B.以现金支付应付工资

C.以银行存款购买固定资产

D.以银行存款偿还前欠购料款

13.通过试算平衡不能发现的错误有(　　)。

A.借贷方向完全相反　　B.重记经济业务

C.漏记贷方账户　　D.借贷金额不相等

14.下列各项中,属于记账凭证审核的内容有(　　)。

A.金额是否正确　　B.项目是否齐全

C.科目是否正确　　D.文字是否正确

15.在借贷记账法下,“预付账款”账户的借方不反映(　　)。

A.企业债务的产生　　B.企业债务的增加

C.企业债权的产生　　D.企业债权的收回

16.下列经济业务应编制收款凭证的是(　　)。

A.从银行提取现金3 000元备用　　B.将现金50 000元存入银行

C.销售产品35 100元货款存入银行　　D.收回甲单位前欠货款20 000元

17.编制“银行存款余额调整表”时,应调整企业银行存款日记账余额的业务是(　　)。

A.企业已收,银行未收　　B.企业已付,银行未付
C.银行已收,企业未收　　D.银行已付,企业未付

18.下列各项中,不应计入产品生产成本的有(　　)。

A.销售费用　　B.管理费用
C.财务费用　　D.制造费用

19.记账凭证按其用途和使用范围的不同,可分为(　　)。

A.专用记账凭证　　B.通用记账凭证
C.单式记账凭证　　D.复式记账凭证

20.总分类账户与明细分类账户平行登记的要点包括(　　)。

A.依据相同　　B.方向相同
C.期间相同　　D.金额相同

三、判断题(每小题2分,共40分)

1.商业折扣,又称“数量折扣”,是企业根据市场供需情况或针对不同的顾客,在商品标价上给予的扣除,是企业最常用的促销手段。(　　)

2.收料单、领料单、工资费用分配表、折旧计算表都属于通用凭证。(　　)

3.在实地盘存制下,期初存货成本和本期购货成本从账上取得,实地盘存确定期末存货成本,从而计算出本期销货成本。(　　)

4.会计档案是记录和反映单位经济业务的重要史料和证据。(　　)

5.会计除了核算和监督职能外,还有预测、决策、控制、分析等职能。(　　)

6.“应收账款”“应付账款”科目分别按债权人、债务人名称设置明细科目来反映其具体对象。(　　)

7.固定资产明细账不必每年更换,可以连续使用。(　　)

8.资产负债表是反映企业某一特定时期财务状况的会计报表。(　　)

9.各种账务处理程序的不同之处在于登记明细账的直接依据不同。(　　)

10.本期发生的管理费用和制造费用均会全额影响本期损益。(　　)

11.企业在对会计要素进行计量时,一般应当采用现值。(　　)

12.管理费用、营业外支出不影响营业利润的计算。(　　)

13.对所发生的每项经济业务都要以会计凭证为依据,一方面记入有关总分类账户,另一方面记入有关总分类账户所属明细分类账户的方法称为复式记账法。(　　)

14.记账后发现记账凭证上的会计科目有错误,应当采用划线更正法更正。(　　)

15.记账凭证账务处理程序一般适用于规模小,但业务量多的单位。(　　)

16.按记账凭证借方科目设置的汇总记账凭证是汇总付款凭证。(　　)

17.在财产清查中发现的盘亏固定资产,应借记营业外支出账户。(　　)

18.财产清查是通过专门的方法,查明账证是否相符、账表是否相符。(　　)

19.将现金存入银行的经济业务,应根据现金收款凭证登记现金日记账的支出栏。(　　)

20.企业外购材料一批,已验收入库,当天货款已付,根据这笔业务的有关原始凭证应该填制的记账凭证是转账凭证。(　　)

※参考答案:

一、单项选择题

1.C 【解析】制造业的成本项目可以分为直接材料、直接人工和制造费用。故选C。

2.D 【解析】资产负债表中"应收账款"项目的金额为100+15-8=107(万元)。故选D。

3.A 【解析】该资产总额为(100+200)+50-50-20=280(万元)。故选A。

4.B 【解析】本题中营业利润=55 000-21 000+15 000-3 000=46 000(元)。"营业外收入"不是"营业利润"的影响因素。故选B。

5.A 【解析】银行存款账户期末余额=10 000+300 000-250 000=60 000(元)。故选A。

6.C 【解析】本题业务不涉及"库存现金"和"银行存款"的收付,所以需要编制转账凭证。一笔业务需要编制两张以上记账凭证的,可以采用分数编号法编号。故选C。

7.D 【解析】以银行存款偿还债务,表现为资产(银行存款)减少,负债(应付账款)减少。故选D。

8.D 【解析】对于企业在财产清查过程中盘盈的固定资产,作为前期差错处理,在按管理权限报经批准处理前,应先通过"以前年度损益调整"科目核算。故选D。

9.C 【解析】按照收付实现制计算,该企业1月份的收入为实际收到的款项5 000元。故选C。

10.C 【解析】按照收付实现制计算，该企业1月份的费用为实际支付的费用600元。故选C。

11.A 【解析】按照权责发生制计算，该企业1月份的收入为实际销售收入8 000元。故选A。

12.B 【解析】按照权责发生制计算，该企业1月份的费用为200+1 200=1 400（元）。故选B。

13.B 【解析】按照收付实现制计算，该企业2月份的收入为实际收到的款项8 000+6 000=14 000（元）。故选B。

14.A 【解析】按照收付实现制计算，该企业2月份的费用为实际发生的费用700元。故选A。

15.C 【解析】按照权责发生制计算，该企业2月份的收入为实际销售收入8 000元。故选C。

16.C 【解析】按照权责发生制计算，该企业2月份的费用为200+700+1 200=2 100（元）。故选C。

17.B 【解析】按照收付实现制计算，该企业3月份的收入为2 000+7 000+11 000=20 000（元）。故选B。

18.D 【解析】按照收付实现制计算，该企业3月份的费用为4 600+3 600+1 200=9 400（元）。故选D。

19.D 【解析】按照权责发生制计算，该企业3月份的收入为实际销售收入7 000元。故选D。

20.C 【解析】按照权责发生制计算，该企业3月份的费用为200+4 600+1 200=6 000（元）。故选C。

二、多项选择题

1.ABD 【解析】企业会计要素分为六大类，即资产、负债、所有者权益、收入、费用和利润。其中，资产、负债和所有者权益三项会计要素反映企业的财务状况；收入、费用、利润三项会计要素反映企业的经营成果。故选ABD。

2.BCD 【解析】选项A应采用数量金额式账簿。故选BCD。

3.ABC 【解析】货币计量前提应当还有一层涵义，即货币币值稳定，若不稳定就需要对各期以不同币值表示的结果进行适当的调整。故选ABC。

4.ABCD 【解析】会计核算的方法包括7种：设置账户、复式记账、填制和审核凭证、登记账簿、成本计算、财产清查、编制财务报表。故选ABCD。

5.BCD 【解析】局部财产清查一般包括下列清查内容：现金应每日清点一次，银行存款每月至少同银行核对一次，债权债务每年至少核对一次，各项存货应有计划、有重点地抽查，贵重物品每月清查一次等。故选BCD。

6.AC 【解析】“应收票据”项目，根据“应收票据”总账科目的期末余额直接填列；“货币资金”项目，根据“库存现金”“银行存款”“其他货币资金”三个总账科目的期末余额的合计数填列。故选AC。

7.BCD 【解析】自制的原始凭证无需加盖本单位的公章。故选BCD。

8.ABC 【解析】“资产-负债=所有者权益”，权益包括所有者权益和债权人权益。故选ABC。

9.ABD 【解析】每页记账完毕应结出余额，无余额的应在方向栏写“平”字，余额栏用“0”表示。故选ABD。

10.AC 【解析】对于保管期满但未结清的债权债务原始凭证，不得销毁；单独抽出立卷的会计档案，应当在会计档案销毁清册和会计档案保管清册中列明。故选AC。

11.BC 【解析】企业已入账，但银行尚未入账的支出款项和银行已入账，但企业尚未入账的收入款项都使得企业有收入但没有记入银行存款日记账中，因此导致了企业银行存款日记账余额小于银行对账单余额。故选BC。

12.BD 【解析】“收回购货单位前欠货款，存入银行”使得银行存款增加、应收账款减少，即资产项目类一增一减。“以现金支付应付工资”使得现金减少、应付账款减少，即资产与权益同时减少。“以银行存款购买固定资产”使得银行存款减少，固定资产增加，即资产项目类一增一减。“以银行存款偿还前欠购料款”使得银行存款减少，应付账款减少，即资产与权益同时减少。故选BD。

13.AB 【解析】试算平衡虽然有利于及时检查和发现记账过程中的差错，但其本身也存在一定的局限性，即它不能发现全部记账过程中的错误和遗漏，因为有些错误并不影响借、贷方的平衡关系。比如记账时重记或漏记整笔经济业务、对相互对应的账户都以大于或小于正确金额的数字进行记账、对应账户的同方向串户等，都难以通过试算平衡检查出来。故选AB。

14.ABC 【解析】记账凭证审核的主要内容是：(1)审核是否按已审核无误的原始凭证填制记账凭证；记录的内容与所附原始凭证是否一致，金额是否相等；所附原始凭证的张数是否与记账凭证所列附件张数相符；(2)审核记账凭证所列会计科目(包括一级科目、明细科目)借、应贷方向和金额是否正确；借贷双方的金额是否平衡；明细科目金额之和与相应的总账科目的金额是否相等;(3)审核记账凭证摘要是否填写清楚,日期、凭证编号、附件张数以及有关人员签章等各个项目填写是否齐全。故选ABC。

15.ABD 【解析】"预付账款"账户借方登记的是预付账款的增加即债权的产生;而债权的收回、债务的产生和债务的增加应反映在其贷方。故选ABD。

16.CD 【解析】收款凭证就是针对收款业务所编制的凭证,"销售产品货款存入银行"和"收回欠款"都引起了货币资金的增加,是收款业务。而"从银行提取备用金"和"将现金存入银行"属于货币资金的划转业务,按一般记账要求,货币资金的划转业务只编制付款凭证。故选CD。

17.ABCD

18.ABC 【解析】费用按其经济用途不同,可以分为生产成本和期间费用。生产成本包括直接材料、直接人工和制造费用;期间费用不能计入产品生产成本而是直接计入当期损益,包括营业费用、管理费用和财务费用。故选ABC。

19.AB 【解析】记账凭证按其用途和使用范围的不同,可分为专用记账凭证和通用记账凭证。故选AB。

20.ABCD 【解析】平行登记的要点有:依据相同、借贷方向相同、会计期间相同、金额相同。故选ABCD。

三、判断题

1.√

2.× 【解析】通用凭证是指由有关部门统一印刷、在一定范围内使用的、具有统一格式和使用方法的原始凭证,如全国通用的增值税专用发票等。专用凭证是指由单位自行印刷、仅在本单位内部使用的原始凭证。本题中所说的凭证都属于专用凭证。

3.√

4.√

5.√

6.× 【解析】"应收账款"科目按债务人名称设置明细科目,而"应付账款"科目是按债权人名称设置明细科目来反映其具体对象的。

7.√

8.× 【解析】资产负债表是反映企业某一特定日期,而不是某一特定时期的财务状况的会计报表。

9.× 【解析】各种账务处理程序的不同之处在于登记总分类账的依据和

方法不同。

10.× 【解析】制造费用有的无需全额转入成本,就不会全额影响本期损益。

11.× 【解析】企业在对会计要素进行计量时,一般应当采用历史成本。

12.× 【解析】“营业外支出”影响“利润总额”,不影响“营业利润”。

13.× 【解析】平行登记是指对所发生的每项经济业务都要以会计凭证为依据,一方面要记入有关总分类账户,另一方面记入有关总分类账户所属明细分类账户的方法。

14.× 【解析】在会计记录中出现错误可以采用划线更正法进行更正的情况有两种:一是原始凭证如果出现文字错误可以采用划线更正法进行更正,二是记账凭证无误,账簿登记发生错误可以采用划线更正法进行更正。

15.× 【解析】记账凭证账务处理程序适用于规模小、经济业务量较少的单位。

16.× 【解析】按记账凭证借方科目设置的汇总记账凭证是汇总收款凭证。

17.× 【解析】盘亏固定资产,应借记“待处理财产损益”账户,批准转销后记入“营业外支出”账户。

18.× 【解析】财产清查是通过专门的方法,查明账存数与实存数即账实是否相符的一种专门方法。

19.× 【解析】将现金存入银行的经济业务,应根据现金付款凭证登记现金日记账的支出栏。

20.× 【解析】记录现金和银行存款付款的业务应编制付款凭证。

试题二

一、单项选择题（每小题1分，共20分）

1.销售产品一批，价款100 000元，增值税17 000元，货款尚未收回。该笔业务编制的会计分录是(　　)。

A.一借一贷　　B.一借多贷

C.一贷多借　　D.多借多贷

2.下列属于能够提供总括会计信息的账簿是(　　)。

A.总分类账　　B.两栏式账

C.备查账　　D.序时账

3.企业如有盘盈的固定资产，应记入(　　)账户。

A.营业外收入　　B.固定资产清理

C.待处理财产损益　　D.以前年度损益调整

4.(　　)就是把一定时期内所发生的经济业务，在全部登记入账的基础上结算出本期发生额合计和余额，并将其余额结转下期或者转入新账。

A.登账　　B.转账

C.结账　　D.对账

5.月末，企业将期间费用账户的借方发生额合计转入(　　)。

A."生产成本"账户借方　　B."利润分配"账户借方

C."本年利润"账户贷方　　D."本年利润"账户借方

6.D公司销售部和行政部12月共发生费用131 000元。其中，销售人员薪酬56 000元，销售部专用办公设备折旧费14 000元，行政人员薪酬35 000元，行政部专用办公设备折旧费6 000元，报销行政人员差旅费4 500元(假定报销人未预借差旅费)，发生业务招待费15 500元(以银行存款支付)。其会计分录为(　　)。

A.借:管理费用　　131 000

　　贷:应付职工薪酬　　91 000

　　　　累计折旧　　20 000

　　　　库存现金　　4 500

银行存款 15 500

B.借:销售费用 70 000

管理费用 61 000

贷:应付职工薪酬 91 000

累计折旧 20 000

库存现金 4 500

银行存款 15 500

C.借:销售费用 131 000

贷:应付职工薪酬 91 000

累计折旧 20 000

库存现金 4 500

银行存款 15 500

D.借:销售费用 61 000

管理费用 70 000

贷:应付职工薪酬 91 000

累计折旧 20 000

库存现金 4 500

银行存款 15 500

7.在财产清查中填制的“账存实存对比表”是(　　)。

A.调整账面记录的原始凭证　　B.调整账面记录的记账凭证

C.登记总分类账的直接依据　　D.登记日记账的直接依据

8.企业在记录管理费用时,通常采用的明细账格式是(　　)。

A.多栏式明细账　　B.卡片式明细账

C.数量金额式明细账　　D.横线登记式明细账

9.企业常用的收款凭证、付款凭证和转账凭证均属于(　　)。

A.单式凭证　　B.复式凭证

C.一次凭证　　D.通用凭证

10.在编制转账凭证时,要求不宜编制一借多贷或多借多贷的转账凭证,这是为了适应(　　)的要求。

A.编制汇总记账凭证　　B.编制科目汇总表

C.登记总分类账　　D.登记多栏式日记账

11.(　　)需要利用资产负债表和利润表的相关信息进行计算。

A.流动比率　　B.速动比率

C.资产负债率　　D.应收账款周转率

12.某企业材料总分类账户本期借方发生额为32 000元,本期贷方发生额为30 000元,其有关明细分类账户的发生额分别为:甲材料本期借方发生额为7 000元,贷方发生额为9 000元;乙材料本期借方发生额为21 000元,贷方发生额为18 000元,则丙材料本期(　　)。

A.借方发生额为2 700元,贷方发生额为3 000元

B.借方发生额为4 000元,贷方发生额为3 000元

C.借方发生额为2 000元,贷方发生额为4 000元

D.因不知各账户期初余额,故无法计算

13.(　　)是对会计对象进行的基本分类,是会计核算对象的具体化。

A.会计要素　　B.会计科目

C.会计账户　　D.会计对象

14.某企业5月份的资产总额为100 000元,负债总额为40 000元。5月份发生如下业务:5月份取得收入共计48 000元,发生费用共计30 000元,则5月份该企业的所有者权益总额为(　　)元。

A.62 000　　B.78 000

C.10 000　　D.90 000

15.应收账款的入账价值不包括(　　)。

A.现金折扣　　B.增值税(销项税额)

C.商业折扣　　D.代购货方垫付的运杂费

16.某企业资产总额为100万元,当发生下列三笔经济业务后:①向银行借款20万元存入银行;②用银行存款偿还货款5万元;③收回应收账款4万元存入银行,其资产总额为(　　)。

A.115万元　　B.119万元

C.111万元　　D.71万元

17.“预收账款”账户的期初余额为借方5 000元,本期借方发生额为3 000元,贷方发生额为9 000元,则本期期末余额为(　　)元。

A.贷方11 000　　B.借方1 000

C.贷方1 000　　D.借方11 000

18.某企业月末资产负债表中,固定资产原价为100万元,累计折旧40万元,固定资产净值60万元,则固定资产合计数为(　　)。

A.160万元　　　　B.140万元

C.100万元　　　　D.60万元

19.大写金额为壹拾伍万零伍元伍角,在填写发票小写金额时,应写为(　　)。

A.150 005.5　　　　B.150 005.05

C.150 005.50　　　　D.1 500 050.50

20.某企业2012年3月份资产增加400万元,负债减少250万元,若不考虑其他因素,则该企业的所有者权益的发生额应为(　　)万元。

A.150　　　　B.650

C.400　　　　D.250

二、多项选择题(每小题2分,共40分)

1.对于汇总记账凭证账务处理程序,下列说法错误的有(　　)。

A.登记总账的工作量大

B.不能体现账户之间的对应关系

C.明细账与总账无法核对

D.当转账凭证较多时,汇总转账凭证的编制工作量较大

2.下列符合支票管理规定的是(　　)。

A.现金支票可以提取现金

B.支票金额必须在付款单位的存款余额内

C.不得出租、出借支票

D.特殊情况下可开空头支票

3.应当建立备查账进行核算的是(　　)。

A.企业接受的固定资产捐赠　　　　B.临时租入的固定资产

C.收到的商业汇票　　　　D.无形资产

4.下列各项中,属于原始凭证内容的有(　　)。

A.经济业务发生日期　　　　B.经济业务内容

C.会计人员记账标记　　　　D.原始凭证附件

5.对账的内容有(　　)。

A.账实核对　　　　B.账证核对

C.账账核对　　　　D.账表核对

6.下列属于财务成果账户的有(　　)。

A.主营业务收入　　　　B.其他业务收入

C.营业外收入　　　　D.本年利润

7.能够详细反映某一类经济业务增减变动的会计账簿是(　　)。

A.总分类账　　　　B.明细分类账

C.备查账　　　　D.序时账

8.下列对原始凭证的处理正确的是(　　)。

A.对于审核通过的原始凭证,要及时编制记账凭证

B.对于有错误的原始凭证,应退回给经办人员

C.退回的原始凭证由相关经办人员负责将有关凭证补充完整、更正错误或重开后,再办理正式会计手续

D.对于不真实、不合法的原始凭证,会计机构和会计人员有权不予接受

9.可以用红色墨水记录的业务或者事项有(　　)。

A.在未印明余额方向的三栏式账户中登记负数余额

B.在不设借贷等栏的多栏式账户中登记负数余额

C.记账凭证上会计科目、记账方向均正确,但所记金额小于应记金额致使账簿记录发生少记错误时的更正

D.记账凭证上会计科目、记账方向均正确,但所记金额大于应记金额致使账簿记录发生多记错误时的更正

10.下列账户中,属于债权账户的是(　　)。

A.应收账款　　　　B.短期借款

C.预付账款　　　　D.实收资本

11.下列关于会计账簿的更换和保管正确的有(　　)。

A.总账、日记账和多数明细账每年更换一次

B.变动较小的明细账可以连续使用,不必每年更换

C.备查账不可以连续使用

D.总账、日记账不用每年更换

12.下列各类错账中,应采用红字更正法进行更正的错账有(　　)。

A.记账凭证没有错误,但账簿记录有数字错误

B.因记账凭证中的会计科目有错误而引起的账簿记录错误

C.记账凭证中的会计科目正确,但所记金额大于应记金额所引起的账簿记录错误

D.记账凭证中的会计科目正确,但所记金额小于应记金额所引起的账簿记录错误

13.企业对实物资产的清查可以采用的方法是(　　)。

A.实地盘点法　　B.函证法

C.技术推算法　　D.倒挤法

14.编制记账凭证的依据有(　　)。

A.原始凭证　　B.汇总原始凭证

C.收款凭证　　D.转账凭证

15.以下项目中,会影响营业利润计算的有(　　)。

A.营业外收入　　B.营业税金及附加

C.营业成本　　D.销售费用

16.下列各项经济业务中,会使得企业资产总额和权益总额发生同时增加变化的有(　　)。

A.向银行借入半年期的借款,已转入本企业银行存款账户

B.赊购设备一台,设备已经交付使用

C.收到某投资者投资转入的一批材料,材料已验收入库

D.用资本公积转增实收资本

17.20X1年2月,浦龙公司发生下列经济业务:

(1)以银行存款20 000元购买生产用设备;(2)将到期无力偿还的应付票据10 000元转为应付账款;(3)将资本公积6 000元转增实收资本;(4)购进生产用材料8 000元,款项尚未支付。

下列表述正确的有(　　)。

A.以银行存款20 000元购买生产用设备,会引起资产内部的一增一减

B.将到期无力偿还的应付票据10 000元转为应付账款,会引起负债内部的一增一减

C.将资本公积6 000元转增实收资本,会引起所有者权益内部的一增一减

D.购进生产用材料8 000元,款项尚未支付,会引起资产与负债同时增加

18.按照企业所从事的日常活动的性质,狭义的收入包括(　　)。

A.销售收入　　B.劳务收入

C.让渡资产使用权收入　　D.营业外收入

19.下列各项中,在"周转材料"科目进行核算的是(　　)。

A.原材料　　B.包装物

C.低值易耗品　　D.建筑承包商生产用的木模板

20.下列各项中,属于产品成本计算方法的是(　　)。

A.约当产量法　　B.品种法

C.分批法　　D.分步法

三、判断题（每小题2分，共40分）

1.“利润分配”账户属于权益类备抵账户，是“本年利润”账户的备抵账户。(　　)

2.企业资金的主要来源有：所有者投入资金和通过各种形式举借债务以及出售所持有的股票等。(　　)

3.会计主体指会计所核算和监督的内容。(　　)

4.资产按实物形态可分为流动资产和非流动资产。(　　)

5.在科目汇总表账务处理程序下，其记账凭证、账簿的设置与记账凭证账务处理程序是不相同的。(　　)

6.会计档案的保管期限，从会计年度终了后的第一天算起。(　　)

7.利润表中“营业收入”项目，就是根据“主营业务收入”和“主营业务成本”两个科目的本期贷方发生额相抵后得到的。(　　)

8.在实务中，会计分录是在记账凭证上登记的。(　　)

9.本单位档案机构为方便保管会计档案，可以根据需要对其拆封重新整理。(　　)

10.会计账簿作为重要的经济档案，因保存期长，故必须使用蓝色或黑色的笔书写。(　　)

11.由于持续经营假设的存在，才产生了本期与其他期间的差异，从而出现了权责发生制和收付实现制两种不同的会计基础。

12.会计核算职能是指会计人员在进行会计核算的同时，对特定主体经济活动的真实性、合法性和合理性进行审查的功能。

13.资产负债表编制的主要依据是资产、负债及所有者权益类各账户的期末余额。(　　)

14.原始凭证确定了应借、应贷的会计科目及其金额。(　　)

15.某企业计提2012年3月份车间管理人员工资，应计入管理费用账户。(　　)

16.“累计折旧”属于损益类科目。(　　)

17.合伙人处理已分得的利润属于会计主体的核算范围。(　　)

18.企业所据有的资产，从财产权利的归属来看，一部分属于投资者，另一部分则属于企业法人。(　　)

19.“坏账准备”属于损益类会计科目。(　　)

20.资本公积账户年末结转后一定没有余额。(　　)

※参考答案:

一、单项选择题

1.B 【解析】该笔业务应编制的会计分录为借记应收账款117 000元,贷记主营业务收入100 000元和应交税费——应交增值税(销项税额)17 000元,属于两贷一借的分录。故选B。

2.A 【解析】总分类账簿是指按照总分类账户分类登记经济业务事项的账簿。故选A。

3.D 【解析】企业如有盘盈的固定资产,应作为前期差错记入“以前年度损益调整”账户。故选D。

4.C 【解析】结账就是把一定时期内所发生的经济业务,在全部登记入账的基础上结算出本期发生额合计和余额,并将其余额结转下期或转入新账。故选C。

5.D 【解析】月末,企业将“期间费用”账户的借方发生额合计转入“本年利润”账户借方,将“制造费用”账户的借方发生额合计转入“生产成本”账户借方,将收入类账户的贷方发生额合计转入“本年利润”账户贷方,年末将“本年利润”账户的借方余额转入“利润分配”账户借方。故选D。

6.B 【解析】销售部门发生的费用应在“销售费用”科目中列支,行政部门发生的费用应在“管理费用”科目中列支。故选B。

7.A 【解析】账存实存对比表是财产清查的重要报表,是调整账面记录的原始凭证。故选A。

8.A 【解析】费用类明细账采用多栏式。故选A。

9.B 【解析】企业常用的收款凭证、付款凭证和转账凭证均为复式凭证。故选B。

10.A 【解析】为了便于汇总,平时编制记账凭证时应编制一借一贷或多借一贷的转账凭证,而不宜编制一借多贷或多借多贷的转账凭证。故选A。

11.D 【解析】应收账款周转率指标的分子是利润表中“收入”中的数字,分母是资产负债表中“应收账款”期初和期末的平均数。所以,它需要利用资产负债表和利润表的相关信息进行计算。故选D。

12.B 【解析】丙材料本期借方发生额=32 000-(7 000+21 000)=4 000(元);丙材料本期贷方发生额=30 000-(9 000+18 000)=3 000(元)。故选B。

13.A 【解析】会计的对象是指会计所核算和监督的内容。会计要素是指会计对象是由哪些部分构成的,是会计对象按经济特征所做的最基本分类,也是会计核算对象的具体化。会计科目是指对会计要素的具体内容进行分类核算的项目。账户是根据会计科目设置的,具有一定格式和结构,用于分类反映会计要素增减变动情况及其结果的载体。故选A。

14.B 【解析】所有者权益=(100 000-40 000)+(48 000-30 000)=78 000(元)。故选B。

15.C 【解析】应收账款的入账价值包括:销售货物或提供劳务的价款、增值税,以及代购货方垫付的包装费、运杂费等。故选C。

16.A 【解析】100+20-5=115(万元)。故选A。

17.C 【解析】“预收账款”账户本来属于负债类,其余额一般在贷方,当余额在借方时,表现为“应收账款”。在这种情况下,本题中该“预收账款”账户期末余额就为:期初借方余额+本期借方发生额-本期贷方发生额=5 000+3 000-9 000=-1 000(元)。借方余额为负数,其实就是贷方余额。故选C。

18.D 【解析】在资产负债表中,“固定资产”项目是以净额反映的。故选D。

19.C 【解析】角、分为零时,小写金额必须写“0”。故选C。

20.B 【解析】资产增加400万元,在负债不变的情况下,将引起所有者权益增加400万元;负债减少250万元,在资产不变的情况下,将引起所有者权益增加250万元。故不考虑其他因素,所有者权益应为650万元(400+250)。故选B。

二、多项选择题

1.ABC 【解析】汇总记账凭证账务处理程序的优点:减轻了登记总分类账的工作量,便于了解账户之间的对应关系;缺点:按每一贷方科目编制汇总转账凭证,不利于会计核算的日常分工,当转账凭证较多时,编制汇总转账凭证的工作量较大。故选ABC。

2.ABC 【解析】支票金额必须在付款单位的存款余额内,不得签发空头支票。故选ABC。

3.BC 【解析】备查账簿是指对在日记账和分类账中未记录或记录不全的经济业务进行补充登记的账簿。故选BC。

4.ABD 【解析】会计人员记账标记不属于原始凭证的内容。故选ABD。

5.ABC 【解析】对账的内容有账证核对、账账核对和账实核对。故选ABC。

6.ABCD 【解析】主营业务收入、其他业务收入、营业外收入属于财务成果形成过程账户,本年利润属于财务成果计算账户,它们均属于财务成果账户。故选ABCD。

7.BD 【解析】总分类账是用以总括反映经济业务的账簿;备查账是对日记账和分类账中记录不全的经济业务进行补充的账簿。故选BD。

8.ABCD 【解析】原始凭证的审核是一项政策性很强的工作,经审核的原始凭证都应根据情况做及时的处理:对于真实、合法、合理但内容不够完整、填写有错误的原始凭证,应退回给经办人员,由其负责将有关凭证补充完整、更正错误或重开后,再办理正式会计手续;对于不真实、不合法的原始凭证,会计机构和会计人员除有权不接受之外,还要向单位负责人报告。故选ABCD。

9.ABD 【解析】记账凭证上会计科目、记账方向均正确,但所记金额小于应记金额致使账簿记录发生少记错误时的更正应当使用蓝色墨水书写。故选ABD。

10.AC 【解析】债权账户包括:应收账款、预付账款、其他应收款等账户。故选AC。

11.AB 【解析】备查账可以连续使用;会计账簿由本单位账务会计部门保管1年后,交由本单位档案管理部门保管。故选AB。

12.BC 【解析】记账凭证没有错误,但账簿记录有数字错误,应采用划线更正法更正;记账凭证中的会计科目正确,但所记金额小于应记金额所引起的账簿记录错误,应采用补充登记法进行更正。故选BC。

13.AC 【解析】企业对实物资产的清查可以采用的方法是实地盘点法和技术推算法。故选AC。

14.AB 【解析】根据原始凭证或汇总原始凭证,编制记账凭证。故选AB。

15.BCD 【解析】营业外收入影响利润总额,但不影响营业利润。故选BCD。

16.ABC 【解析】“向银行借款”引起资产(银行存款)和负债(短期借款)同时增加;“赊购设备”引起资产(固定资产)和负债(应付账款)同时增加;“收到投资方投资材料”引起资产(原材料)和实收资本同时增加;“用资本公积转增实收资本”只是权益内部的一增一减,其所有者权益总额不变。权益总额包括负债和所有者权益。故选 ABC。

17. ABCD

18. ABC 【解析】狭义的收入主要包括主营业务收入、其他业务收入。广义的收入包括营业收入和营业外收入。故选 ABC。

19. BCD 【解析】周转材料包括包装物、低值易耗品，以及企业的钢模板、木模板、脚手架等。原材料是独立的一级科目，不在“周转材料”科目进行核算。故选 BCD。

20. BCD 【解析】产品成本的计算方法包括品种法、分批法和分步法三种。故选 BCD。

三、判断题

1. √

2. × 【解析】企业的资金表现为资金占用和资金来源两方面，其中资金占用的具体表现形式就是企业的资产，资金来源又可分为企业所有者投入资金和债权人投入资金两类。

3. × 【解析】会计对象是会计核算和监督的内容，而会计主体是指会计所核算和监督的特定单位或组织，是会计确认、计量、报告的空间范围。

4. × 【解析】资产按其流动性，通常可分为流动资产和非流动资产。

5. × 【解析】在科目汇总表账务处理程序下，其记账凭证、账簿的设置与记账凭证账务处理程序是相同的，不同的是登记总分类账的依据。

6. √

7. × 【解析】利润表中“营业收入”项目，就是根据“主营业务收入”和“其他业务收入”两个科目的本期贷方发生额相加得到的。

8. √

9. × 【解析】移交本单位档案机构保管的会计档案，原则上应当保持原卷册的封装。个别需要拆封重新整理的，档案机构应当会同会计机构和经办人员共同拆封整理，以分清责任。

10. × 【解析】为了保持账簿记录的持久性、防止涂改，登记账簿必须使用蓝黑墨水或碳素墨水并用钢笔书写，不得使用圆珠笔（银行的复写账簿除外）或者铅笔书写。

11. × 【解析】会计分期假设界定了会计信息的时间范围，使会计核算有了“上期”“本期”“下期”的概念，从而产生了企业的资产、负债、收入、费用归属于哪个期间的问题，为权责发生制、收付实现制会计基础的应用奠定了基础。

12.× 【解析】会计监督职能是指会计人员在进行会计核算的同时，对特定主体经济活动的真实性、合法性、合理性进行审查的过程。

13.√

14.× 【解析】原始凭证不具备会计科目。

15.× 【解析】车间生产工人的工资应计入“生产成本”账户，车间管理人员的工资应计入“制造费用”账户。

16.× 【解析】“累计折旧”账户是“固定资产”账户的调整账户，从性质上讲，也是资产类账户。

17.× 【解析】“合伙人处理已分得的利润”属于所有者个人的行为，不属于会计主体的核算内容。

18.× 【解析】企业拥有的资产，从其权属来看分属于“企业所有者”和“债权人”，前者属于“所有者权益”，后者称为“债权人权益”（又称“负债”）。

19.× 【解析】“坏账准备”账户是资产类账户“应收账款”账户的调整账户，因而它也是资产类账户。

20.× 【解析】“资产”“负债”“所有者权益”账户期末不一定没有余额；“本年利润”账户虽然是所有者权益类账户，它在年度中间各月会有余额，但在年末应将其借方（亏损）或贷方（盈利）余额转入“利润分配——未分配利润”账户，因此其年末结转后一定没有余额。

试题三

一、单项选择题（每小题1分，共20分）

1.资产负债表中资产的排列顺序是(　　)。

A.项目的价值高低　　B.项目的重要性

C.项目的时间　　D.项目的流动性大小

2.现金收款凭证上的填写日期应当是(　　)。

A.收取现金的日期　　B.编制收款凭证的日期

C.原始凭证上注明的日期　　D.登记总账的日期

3.股东(投资者)作为财务会计报告的使用者之一,其主要关注(　　)。

A.企业财务状况的好坏、经营业绩的大小以及现金的流动情况

B.职工福利的好坏

C.投资的内在风险和投资报酬

D.企业的兴衰及其发展情况

4.“利润分配——未分配利润”账户的借方余额表示(　　)。

A.本期实现的净利润　　B.本期发生的净亏损

C.累计实现的净利润　　D.累计的未弥补亏损

5.会计人员在编制记账凭证时,将领用的属于行政管理部门用材料误记入制造费用并已登记入账,应采用的错账更正方法是(　　)。

A.划线更正法　　B.补充登记法

C.红字更正法　　D.抽换凭证法

6.对于“借记应收账款,贷记主营业务收入”的业务,应填制(　　)。

A.收款凭证　　B.付款凭证

C.转账凭证　　D.收款凭证或付款凭证

7.根据会计账簿的记账规则,账簿中书写的文字和数字上面留有适当的空格,一般应占格距的(　　)。

A.二分之一　　B.三分之一

C.四分之三　　D.五分之三

8.目前我国的行政单位会计采用的会计基础主要是(　　)。

A.权责发生制　　B.应收应付制
C.收付实现制　　D.统收统支制

9.关于会计主体的表述中,不正确的是(　　)。
A.会计主体是指会计所核算和监督的特定单位或组织
B.会计主体就是法律主体
C.由若干具有法人资格的企业组成的企业集团也是会计主体
D.会计主体界定了从事会计工作和提供会计信息的空间范围

10.会计主体界定了从事会计工作和提供会计信息的(　　)范围。
A.时间　　B.内容
C.空间　　D.空间和时间

11.某企业一次购入多种原材料,货款通过银行付清,材料已验收入库。该业务的资料有:发票1张,银行结算凭证1张,收料单3张,材料请购单3张。该企业按实际成本核算材料,则此项业务记账凭证的附件张数应是(　　)张。
A.2　　B.4
C.5　　D.8

12.下列业务的处理符合权责发生制的是(　　)。
A.本月根据销售合同发出商品一批,售价10 000元,但本月没有收到货款,因此不能将其确认为本月收入
B.本月收到上月销售商品款50 000元,因此确认本月收入为30 000元
C.本月发生广告费用3 000元,但尚未支付,确认本月销售费用3 000元
D.根据销售合同预收客户定金10 000元,因此确认本月销售收入10 000元

13.账户按经济内容分类,属于成本类账户的是(　　)。
A.生产成本　　B.未分配利润
C.盈余公积　　D.所得税

14.某项经济业务的会计分录为:

借:原材料　　36 000
　　贷:银行存款　　28 800
　　　　应付账款　　7 200

该会计分录表示的经济业务是(　　)。
A.购进原材料36 000元,款未付
B.销售原材料36 000元,银行收到货款28 800元,尚有7 200元未收
C.购进原材料36 000元,用银行存款支付80%的价款,其余暂欠

D.销售原材料36 000元,存入银行28 800元,余款未收

根据以下资料,完成第15~20题:

甲公司各总账账户6月末余额如下:

银行存款	150 000	库存现金	1 000
应收账款	80 000	固定资产	800 000
累计折旧	32 000	库存商品	1 000
短期借款	120 000	资本公积	100 000
实收资本	780 000		

该公司7月份发生下列经济业务:

(1)从银行提取现金200 000元,备发工资。

(2)收到秦华公司前欠货款50 000元,存入银行。

(3)财产清查中发现库存01号产品盘亏5千克,单位成本100元,计500元,尚待批准处理。

(4)收到投资人追加投资500 000元,存入银行。

(5)以资本公积80 000元转增资本。

(6)01号产品盘亏属于收发计量不准造成的,经批准,转入管理费用。

(7)投资者投入设备一台,价值300 000元。

(8)销售产品一批,计价款42 000元(不考虑增值税),款项存入银行。

(9)以现金支付厂部管理部门办公费600元。

(10)以银行存款偿还短期借款70 000元。

甲公司的记账凭证分为收款凭证、付款凭证和转账凭证三类。

假设你作为甲公司的会计人员,已经完成了总账的设置、期初余额的登记、记账凭证的填制、总账的登记、结账以及试算平衡表的编制工作。

15.甲公司7月份设置和登记的总分类账户有(　　)个。

A.9　　B.10

C.11　　D.12

16.甲公司7月份第(10)项业务的记账凭证编号是(　　)。

A.转字第10号　　B.银付字第10号

C.银付字第2号　　D.银付字第1号

17.甲公司"银行存款"账户7月末借方余额为(　　)。

A.442 000元　　B.472 000元

C.270 000元　　D.592 000元

18.甲公司“实收资本”账户7月份贷方发生额合计数为(　　)元。

A.780 000　　B.1 660 000

C.880 000　　D.1 360 000

19.甲公司“管理费用”账户7月份借方发生额合计数为(　　)元。

A.1 100　　B.500

C.600　　D.2 200

20.甲公司7月份“试算平衡表”中的“本期借方发生额合计”为(　　)元。

A.1 000 000　　B.1 032 000

C.1 804 000　　D.1 243 600

二、多项选择题（每小题2分，共40分）

1.对原始凭证进行审核是确保会计资料质量的重要措施之一。会计机构、会计人员应当对原始凭证的(　　)性进行审核。

A.合法　　B.真实

C.准确　　D.完整

2.下列科目中，期末应转入“本年利润”科目贷方的有(　　)。

A.营业费用　　B.主营业务收入

C.营业外收入　　D.所得税

3.某企业在财产清查中，发现短缺设备一台，账面原值30 000元，已计提折旧10 000元，在报经批准前，企业应做会计分录的借方为(　　)。

A.“待处理财产损益”30 000元　　B.“营业外支出”20 000元

C.“累计折旧”10 000元　　D.“待处理财产损益”20 000元

4.权责发生制原则的要求是(　　)。

A.本期已经实现的收入无论款项是否收到，都作为本期收入处理

B.凡是在本期收到和付出的款项，都作为本期收入和费用处理

C.本期已经发生的费用无论款项是否实际支付，都作为本期费用处理

D.凡是本期发生的收入或费用，只要没有实际收到或付出款项，都不作为本期收入或费用处理

5.存货发生盘盈盘亏，应先记入“待处理财产损益”账户，待查明原因后分别转入(　　)。

A.营业外支出　　B.营业外收入

C.管理费用　　D.其他应收款

6.“资产=负债+所有者权益”是(　　)的理论基础。

A.编制利润表　　　　B.编制资产负债表

C.编制现金流量表　　　　D.复式记账

7.会计档案包括(　　)。

A.会计凭证　　　　B.会计账簿

C.财务会计报告　　　　D.其他会计资料

8.下列关于"待处理财产损益"账户的说法中,正确的有(　　)。

A.借方登记待处理财产物资盘亏、毁损数

B.借方登记结转经批准处理的财产物资盘盈数

C.贷方登记待处理财产物资盘盈数或转销已批准处理的财产物资盘亏、毁损数

D.期末余额在借方,表示待处理财产的盘盈或盘亏数

9.账簿按外形特征不同可分为(　　)。

A.订本式　　　　B.活页式

C.卡片式　　　　D.数量金额式

10.关于"收到投资人投入固定资产20万元",正确的说法有(　　)。

A.借记"固定资产"20万元　　　　B.贷记"实收资本"20万元

C.贷记"固定资产"20万元　　　　D.借记"实收资本"20万元

11.资产负债表中"期末数"的来源有(　　)。

A.总账余额

B.明细账余额

C.科目汇总表

D.根据有关科目余额减去备抵科目余额后的净额填列

12.某企业2012年1月份基本生产车间领用甲材料50 000元,辅助生产车间领用甲材料20 000元,车间管理部门领用甲材料4 500元,行政管理部门领用甲材料2 500元。下列会计分录错误的有(　　)。

A.借:生产成本——基本生产成本　　50 000
　　　　　　——辅助生产成本　　20 000
　　销售费用　　7 000
　　贷:原材料——甲材料　　7 7000

B.借:生产成本——基本生产成本　　50 000
　　　　　　——辅助生产成本　　20 000
　　管理费用　　7 000

贷:原材料——甲材料 77 000

C.借:在产品 70 000

制造费用 4 500

管理费用 2 500

贷:物资采购——甲材料 77 000

D.借:生产成本——基本生产成本 50 000

——辅助生产成本 20 000

制造费用 4 500

管理费用 2 500

贷:原材料——甲材料 77 000

13.利润表是企业的(　　)。

A.主要会计报表　　B.经营成果报表

C.动态报　　D.静态报表

14.下列收入项目中,符合收入定义的有(　　)。

A.销售商品收入　　B.处置固定资产收入

C.提供劳务收入　　D.让渡资产使用权收入

15.领用原材料的会计分录通常涉及的借方科目有(　　)。

A.生产成本　　B.财务费用

C.制造费用　　D.管理费用

16.下列属于外来原始凭证的有(　　)。

A.购货发票　　B.出差人员车船票

C.银行结算凭证　　D.领料单

17.以下有关会计凭证的表述中正确的有(　　)。

A.会计凭证是记录经济业务的书面证明

B.会计凭证可以明确经济责任

C.会计凭证是编制报表的直接依据

D.会计凭证是登记账簿的依据

根据下述资料，回答18~20题:

江上公司采用科目汇总表账务处理程序,2012年7月份发生的部分经济业务如下:

3日,销售部员工张文出差,预借现金1 500元。

4日,行政部门以现金800元购买办公用品一批。

6日，销售产品一件，售价900元，增值税153元，产品已发出，货款通过现金收讫，该产品的成本550元同时结转。

8日，用库存现金支付第一生产车间维修费用200元。

10日，领用甲材料一批60 000元，其中，生产产品用55 000元，行政管理部门用3 000元，车间管理用2 000元。

18.根据上述业务按月编制的科目汇总表中，“库存现金”账户发生额分别为(　　)。

A.借方发生额1 053元　　B.借方发生额900元

C.贷方发生额2 500元　　D.贷方发生额2 300元

19.根据上述业务按月编制的科目汇总表中，所有账户的发生额合计分别为(　　)。

A.借方发生额63 553元　　B.借方发生额64 103元

C.贷方发生额63 553元　　D.贷方发生额64 103元

20.7月10日领用甲材料的会计分录涉及的账户有(　　)。

A.原材料　　B.生产成本

C.管理费用　　D.制造费用

三、判断题（每小题2分，共40分）

1.在记账凭证账务处理程序下，需要设置现金日记账，根据需要可选择采用三栏式、多栏式和数量金额式。(　　)

2.借贷记账法是世界上通用的记账方法，也是我国的法定记账方法。(　　)

3.将现金存入银行应同时编制银行存款收款凭证和现金付款凭证。(　　)

4.资产在确认时不仅要符合资产的定义，还要同时满足资产确认条件。(　　)

5.按公允价值进行会计计量，是指资产和负债按照在公平交易中，熟悉情况的交易双方自愿进行资产交换或者债务清偿的金额计量。(　　)

6.总分类账户根据总分类科目设置，明细分类账户根据明细分类科目设置，所以总分类账户与其所属明细分类账户的相关金额之和有时是不相等的。(　　)

7.各种凭证不得随意涂改、刮擦、挖补，若填写有误应用红字更正法予以更正。(　　)

8.无法支付的账款在批准处理前，不需通过“待处理财产损益”账户核算。

(　　)

9.在同一企业中，由于采用的会计核算形式不同，核算的结果也不同。(　　)

10.企业的利得和损失应直接计入当期损益。(　　)

11.企业会计的确认、计量和报告应当以现值为基础。(　　)

12.按账簿的用途分类，“租入固定资产登记簿”属于序时账簿。(　　)

13.反映某一期间经营成果的报表是资产负债表。(　　)

14.盘亏固定资产经批准转销后，应借记“待处理财产损益”账户。(　　)

15.明细分类账簿之间的核对不属于账账核对。(　　)

16.企业会计档案中保管期限为15年的是月、季、年度财务报告。(　　)

17.填制记账凭证时，将若干张不同内容和类别的原始凭证汇总填制在一张记账凭证上的做法是错误的。(　　)

18.财产清查的关键是要解决账账不符问题。(　　)

19.编制利润表时，假定“公允价值变动收益”和“投资收益”科目的净额为借方发生额，填写的方法为以正数填列。(　　)

20.累计折旧账户同时属于成本类账户和集合分配账户。(　　)

※参考答案：

一、单项选择题

1.D　【解析】资产负债表按资产的流动性大小顺序排列。故选D。

2.B　【解析】收款凭证上的填写日期为编制收款凭证的日期。故选B。

3.C　【解析】股东(投资者)作为财务会计报告的使用者之一，其主要关注投资的内在风险和投资报酬。故选C。

4.D　【解析】“利润分配——未分配利润”账户的借方余额表示累计的未弥补亏损。故选D。

5.C　【解析】会计科目错误、金额正确，适用于红字更正法。故选C。

6.C　【解析】对于不涉及现金和银行存款的业务应编制转账凭证。故选C。

7.A　【解析】账簿中书写的文字和数字上面留有适当的空格，一般应占格距的二分之一。故选A。

8.C　【解析】目前我国的行政单位会计主要采用收付实现制。故选C。

9.B 【解析】法律主体是会计主体,会计主体不一定是法律主体。故选B。

10.C 【解析】会计主体界定了从事会计工作和提供会计信息的空间范围。故选C。

11.C 【解析】凡是与记账凭证中的经济业务记录有关的原始凭证,都应作为记账凭证的附件,有一张算一张。原始凭证是记录会计核算的原始资料,凡不能证明经济业务发生或完成情况的各种单证,不能作为原始凭证并据以记账。材料请购单不能作为原始凭证,即不能作为记账凭证的附件,因此本题中此项业务记账凭证的附件张数应包括发票1张、银行结算凭证1张、收料单3张,共5张。故选C。

12.C 【解析】权责发生制要求:凡是当期已经实现的收入和已经发生或应当负担的费用,无论款项是否收付,都应当作为当期的收入和费用予以确认,计入利润表。故选C。

13.A 【解析】成本类账户包括“生产成本”“制造费用”“劳务成本”“研发支出”等账户。故选A。

14.C【解析】

“购进原材料36 000元,款未付”的会计分录为:

借:原材料　　36 000

　贷:应付账款　　36 000

“销售原材料36 000元,7 200元未收”的会计分录为:

借:应收账款　　7 200

　银行存款　　28 800

　贷:主营业务收入　　36 000

“销售原材料36 000元,余款未收”的会计分录为:

借:银行存款　　28 800

　应收账款　　7 200

　贷:主营业务收入　　36 000

15.D 【解析】甲公司7月份新设置的总分类账户有3个,即管理费用、待处理财产损益和主营业务收入,要登记的有9个,共12个。故选D。

16.B 【解析】第(1)项业务编制银付字第1号,第(10)项业务编制银付字第10号。故选B。

17.B 【解析】“银行存款”账户7月末借方余额为:期初余额(150 000)+本期借方发生额(50 000+500 000+42 000)-本期贷方发生额(200 000+70 000)=

472 000(元)。故选B。

18.C 【解析】“实收资本”账户7月份贷方发生额合计数为:500 000+80 000+300 000=880 000(元)。故选C。

19.A 【解析】“管理费用”账户7月份借方发生额合计数为:500+600=1 100(元)。故选A。

20.D 【解析】7月份“试算平衡表”中的“本期借方发生额合计”为:200 000+50 000+500+500 000+80 000+500+300 000+42 000+600+70 000=1 243 600(元)。故选D。

二、多项选择题

1.ABCD 【解析】原始凭证的审核内容主要包括:原始凭证的真实性、合法性、合理性、完整性、正确性和及时性,既有实质性审查,又有技术性审查。故选ABCD。

2.BC 【解析】主营业务收入、营业外收入期末转入“本年利润”科目的贷方;营业费用、所得税期末转入“本年利润”科目的借方。故选BC。

3.CD 【解析】对于盘亏的固定资产,在批准前按其账面净值借记“待处理财产损益”账户,按已计提的累计折旧借记“累计折旧”账户,按其账面原始价值贷记“固定资产”账户。报经批准后,再将其净值记入“营业外支出”账户。故选CD。

4.AC 【解析】权责发生制是指企业的会计核算是以收入、费用是否发生,而不是以款项是否收到或付出为标准确认收入和费用的一种记账基础。故选AC。

5.ACD 【解析】存货发生盘盈,冲减管理费用;发生盘亏:属于过失人赔偿的记入其他应收款,属于非正常原因损失的记入营业外支出,属于管理不善等造成的,记入管理费用。故选ACD。

6.BD 【解析】复式记账和编制资产负债表的理论基础是“资产=负债+所有者权益”。编制利润表的理论基础是会计恒等式“收入-费用=利润”。我国和绝大多数国家如美国、澳大利亚等以现金和现金等价物作为现金流量表的编制基础。故选BD。

7.ABCD 【解析】会计档案是指会计凭证、会计账簿和财务会计报告以及其他会计资料等用于会计核算的专业材料,它是记录和反映经济业务的重要历史资料和证据。故选ABCD。

8.AC 【解析】“待处理财产损益”账户是一个双重性质的账户,用于核算企业在财产清查过程中查明的各种财产物资的盘盈、盘亏或毁损。该账户的借方登记待处理财产盘亏或毁损数，贷方登记待处理财产盘盈数以及盘亏的转销数。结转待处理财产盘亏或毁损时记到该账户的贷方；结转待处理财产盘盈时记到该账户的借方。期末如有借方余额，反映尚未处理的财产物资净损失；如有贷方余额，反映尚未处理的财产物资净溢余。故选AC。

9. ABC 【解析】账簿的种类和格式是多种多样的。账簿按其用途不同可分为日记账、分类账和备查账；按其账页格式不同可分为两栏式账簿、三栏式账簿、多栏式账簿和数量金额式账簿；按其外形特征不同可分为订本式账簿、活页式账簿和卡片式账簿。故选ABC。

10. AB 【解析】收到固定资产，使资产增加。同时，投资人投资使所有者权益增加。故选AB。

11. ABD 【解析】资产负债表中“期末数”的来源有以下几个方面：(1)根据总账余额填列；(2)根据明细账余额计算填列；(3)根据总账科目和明细科目余额分析计算填列；(4)根据有关科目余额减去备抵科目余额后的净额填列。其来源不包括科目汇总表。故选ABD。

12. ABC 【解析】基本生产车间领用材料作为生产成本，企业各生产车间为组织和管理生产所发生的材料消耗计入“制造费用”账户中，企业行政管理部门的材料消耗计入“管理费用”账户中。故选ABC。

13. ABC 【解析】利润表是企业的主要会计报表，是经营成果报表，是动态报表。故选ABC。

14. ACD 【解析】处置固定资产收入是企业发生的与其日常活动无直接关系的利得。故选ACD。

15. ACD 【解析】按照领用部门，领用的原材料记入不同科目：基本生产车间领用的记入“生产成本”；辅助车间领用的记入“制造费用”，厂部领用的记入“管理费用”。故选ACD。

16. ABC 【解析】外来原始凭证是指在经济业务发生或完成时，从其他单位或个人直接取得的原始凭证，如购买材料时取得的增值税专用发票、银行转来的各种结算凭证、对外支付款项时取得的收据、职工出差取得的飞机票和车船票等。故选ABC。

17. ABD 【解析】会计凭证是记录经济业务发生或完成情况的书面证明，也是登记账簿的依据。通过填制或取得会计凭证，可以明确经济责任。故选ABD。

18. AC【解析】"库存现金"借方发生额为销售收款，即153+900=1 053(元)，贷方发生额为1 500+800+200=2 500(元)。故选AC。

19. BD 【解析】根据"有借必有贷、借贷必相等"记账法，可知借方发生额和贷方发生额必然相等，然后把所有数字加起来，即为所有账户的发生额合计。故选BD。

20. ABCD 【解析】领用甲材料的会计分录，借方为"生产成本""管理费用""制造费用"，贷方为"原材料"。故选ABCD。

三、判断题

1. × 【解析】现金日记账是用来核算和监督库存现金每天的收入、支出和结存情况的账簿，其格式有三栏式和多栏式两种。

2. √

3. × 【解析】对于涉及现金和银行存款的经济业务，为了避免重复记账，一般只编制付款凭证，不编制收款凭证。

4. √

5. √

6. × 【解析】总分类账户与其所属明细分类账户的相关金额之和是相等的。

7. × 【解析】各种凭证不得随意涂改、刮擦、挖补，若填写有误，则应重填。

8. √

9. × 【解析】会计核算形式也称为会计账务处理程序，核算程序不同不会导致结果不同。

10. × 【解析】利得和损失既可以直接计入所有者权益，也可以先计入当期损益。

11. × 【解析】企业会计的确认、计量和报告应当以权责发生制为基础。

12. × 【解析】会计账簿按用途不同可分为序时账簿、分类账簿和备查账簿。备查账簿是指对一些在序时账簿和分类账簿中不能记载或记载不全的经济业务进行补充登记的账簿，它对序时账簿和分类账簿起补充作用。例如，租入固定资产登记簿，应收、应付票据登记簿等。

13. × 【解析】利润表是反映企业在一定会计期间经营成果的报表。资产负债表又称为财务状况表，是表示企业某一特定日期财务状况的会计报表。

14. × 【解析】企业发生固定资产盘亏时，在批准前按盘亏固定资产的净值借记“待处理财产损益”账户，按已计提的累计折旧借记“累计折旧”账户，按固定资产的原价贷记“固定资产”账户。报经批准转销后，转入“营业外支出”账户的借方。

15.× 【解析】账账核对，是指各种账簿与账簿之间的有关记录相核对，以保证账账相符。

16.× 【解析】总账、明细账、记账凭证等保管期限为15年。

17.√ 【解析】记账凭证可以根据每一张原始凭证填制，或者根据若干张同类原始凭证汇总填制，还可以根据原始凭证汇总表填制，但不得将不同内容和类别的原始凭证汇总填制在一张记账凭证上。

18.× 【解析】财产清查的关键是要解决账实不符的问题。

19.× 【解析】如果净额为贷方发生额，则以正数填列。

20.× 【解析】成本类账户是按账户反映的经济内容分类的，集合分配账户是按账户的用途和结构分类的。制造费用既属于成本类账户又属于集合分配账户。

试题四

一、单项选择题（每小题1分，共20分）

1.下列明细分类账中，可以采用多栏式格式的是(　　)。

A.实收资本明细分类账　　B.应付账款明细分类账

C.库存商品明细分类账　　D.管理费用明细分类账

2.在编制资产负债表时，下列各项中，应当根据其明细科目及“预付账款”科目的贷方余额填列的是(　　)。

A.应付账款　　B.应付债券

C.存货　　D.实收资本

3.在制造企业中，用来反映生产成果的会计科目是(　　)。

A.在途物资　　B.库存商品

C.原材料　　D.在建工程

4.下列各项中，不应确认为费用的是(　　)。

A.广告宣传费　　B.财务费用

C.管理费用　　D.固定资产净损失

5.库存商品盘点时发现短缺，下列应借记会计科目中，正确的是(　　)。

A.待处理财产损益　　B.库存商品

C.其他应收款　　D.其他应付款

6.某企业材料总分类账户的本期借方发生额为2.5万元，本期贷方发生额为2.4万元，其有关明细分类账户的发生额分别为：甲材料本期借方发生额为8 000元，贷方发生额为6 000元；乙材料本期借方发生额为1.3万元，贷方发生额为1.6万元。下列选项中，能正确反映丙材料本期借方和贷方发生额的是(　　)。

A.借方发生额为4 000元，贷方发生额为2 000元

B.借方发生额为12 000元，贷方发生额为2 000元

C.借方发生额为4 000元，贷方发生额为1 000元

D.借方发生额为6 000元，贷方发生额为8 000元

7.会计科目按其所反映的会计对象的具体内容进行分类。下列关于会计

科目的分类中,正确的是(　　)。

A.资产、负债、所有者权益、成本、损益等五类

B.资产、负债、所有者权益、成本、利润等五类

C.资产、负债、所有者权益、收入、费用等五类

D.资产、负债、所有者权益、利润、损益等五类

8.企业销售商品取得20万元,出租厂房收取租金5万元,出售不需用的机器设备取得8万元,出售多余原材料取得3万元,转让商标使用权取得15万元,则企业本期应确认收入金额为(　　)万元。

A.51　　　　B.43

C.49　　　　D.50

9.企业部分账户的期末余额如下:库存现金2万元,银行存款80万元,其他货币资金5万元,应收账款25万元。则企业资产负债表中的“货币资金”项目应填列的金额为(　　)万元。

A.112　　　　B.82

C.85　　　　D.87

10.下列各项中,不通过应付职工薪酬科目核算的是(　　)。

A.应付职工奖金　　　　B.应付职工工资

C.应付职工津贴、补贴　　　　D.应付职工出差报销款

11.下列账簿形式中,属于固定资产明细账采用的是(　　)。

A.订本式　　　　B.卡片式

C.活页式　　　　D.三栏式

12.下列关于资产流动性的表述中,正确的是(　　)。

A.库存现金的流动性强于固定资产

B.固定资产的流动性强于银行存款

C.应收账款的流动性强于交易性金融资产

D.交易性金融资产的流动性强于银行存款

13.下列关于“人民币捌仟元零伍分”的小写金额的表示中,正确的是(　　)。

A.￥8 000.05　　　　B.8 000.05

C.￥8 010.5　　　　D.￥8 000.5

14.企业购入一批材料,买价5万元,另发生运杂费400元,材料已经入库,以银行存款支付。则该原材料的成本是(　　)元。

A.50 000　　　　B.54 000

C.50 400　　D.400

15.下列对税务部门统一印制的增值税专用发票的描述中,正确的是(　　)。

A.属于汇总原始凭证　　B.属于通用原始凭证

C.属于专用凭证　　D.属于累计凭证

16.下列各项中,不属于记账凭证账务处理程序步骤的是(　　)。

A.根据原始凭证或汇总原始凭证编制收款凭证、付款凭证和转账凭证

B.根据收款凭证、付款凭证逐笔登记库存现金日记账和银行存款日记账

C.根据各种记账凭证编制有关汇总记账凭证

D.根据原始凭证登记各种明细分类账

17.企业本月利润表中的营业收入为450 000元,营业成本为216 000元,营业税金及附加为9 000元,管理费用为10 000元,财务费用为5 000元,销售费用为8 000元,则其营业利润为(　　)元。

A.234 000　　B.225 000

C.202 000　　D.217 000

18.下列各项中,不应计入营业收入的是(　　)。

A.提供劳务收入　　B.原材料销售收入

C.商品销售收入　　D.固定资产处置净收益

19.资产负债表总括反映的是企业在一定日期的(　　)。

A.财务状况　　B.财务情况

C.经营成果　　D.利润分配情况

20.甲公司为增值税一般纳税人,2014年12月31日购入不需要安装的生产设备一台,当日投入使用。该设备价款为500万元,增值税税额为85万元,预计使用寿命为10年,预计净残值为5万元,采用年限平均法计提折旧。该设备2015年底应计提的折旧为(　　)万元。

A.58.5　　B.58.2

C.49.5　　D.50

二、多项选择题（每小题2分，共40分）

1.下列各项中,属于原始凭证填制要求的有(　　)。

A.内容完整　　B.书写清楚、规范

C.记录真实　　D.手续完备

2.下列选项中,属于企业债务的有(　　)。

A.应付账款　　B.应收账款

C.预收账款　　　　　　　　　　　　D.预付账款

3.下列各项中,属于资金投入的有(　　)。

A.本企业收到张三投入的资金10万元

B.企业向投资者分配现金股利10万元

C.企业向银行借入三年期借款50万元

D.企业发行两年期债券200万元

4.下列各项中,属于会计计量属性的有(　　)。

A.权责发生制　　　　　　　　　　B.重置成本

C.收付实现制　　　　　　　　　　D.公允价值

5.下列各项中,属于记账凭证账务处理程序和汇总记账凭证账务处理程序区别的有(　　)。

A.原始凭证的种类不同　　　　　　B.总账的记账依据不同

C.登记总分类账的工作量不同　　　D.明细账簿的记账依据不同

6.甲企业购入不需要安装即可投入使用的生产设备一台,取得的增值税专用发票上注明的设备价款为30万元,增值税税额为5.1万元(根据税法有关规定允许抵扣),全部款项通过银行转账支付。下列相关会计处理中,正确的有(　　)。

A.借记"应交税费"科目5.1万元　　B.借记"固定资产"科目35.1万元

C.贷记"银行存款"科目35.1万元　　D.借记"固定资产"科目30万元

7.下列各项中,应计入营业收入的有(　　)。

A.商品销售收入　　　　　　　　　B.原材料销售收入

C.无形资产使用费收入　　　　　　D.固定资产租金收入

8.企业本年实现净利润67 000元,年末提取盈余公积6 700元,决定向投资者分配利润20 000元。该企业年末利润分配时应编制的会计分录有(　　)。

A.借:利润分配　　　　　　20 000
　　贷:应付利润　　　　　　　20 000

B.借:本年利润　　　　　　67 000
　　贷:利润分配　　　　　　　67 000

C.借:利润分配　　　　　　67 000
　　贷:本年利润　　　　　　　67 000

D.借:利润分配　　　　　　67 000
　　贷:盈余公积　　　　　　　67 000

9.下列各项中,属于由于记账凭证错误而导致账簿登记错误更正方法的有(　　)。

A.尾数更正法　　B.划线更正法

C.补充登记法　　D.红字更正法

10.下列各项中,通过“其他货币资金”科目核算的有(　　)。

A.外埠存款　　B.银行汇票存款

C.信用卡存款　　D.银行本票存款

11.甲公司为增值税一般纳税人。2015年2月12日,甲公司与乙公司签订材料采购合同,并按约定预付货款200 000元。2月28日,甲公司收到乙公司发来的材料,取得的增值税专用发票上注明的价款为300 000元,增值税税额为51 000元,甲公司当即以银行存款补付货款。对于上述业务,甲公司应编制的会计分录有(　　)。

A.借:原材料　　300 000
　　应交税费——应交增值税(进项税额)　　51 000
　　贷:预付账款　　200 000
　　　　应付账款　　151 000

B.借:预付账款　　200 000
　　贷:银行存款　　200 000

C.借:预付账款　　151 000
　　贷:银行存款　　151 000

D.借:原材料　　300 000
　　应交税费——应交增值税(进项税额)　　51 000
　　贷:预付账款　　351 000

12.下列选项中,能使企业负债总额增加的有(　　)。

A.短期借款转长期借款

B.从银行取得短期借款

C.签发并承兑商业汇票抵付前欠货款

D.计提应付债券利息

13.下列各项交易或事项中,会影响企业所有者权益总额的有(　　)。

A.将“本年利润”中计算的净利润或者亏损转入“利润分配——未分配利润”账户

B.销售产品确认主营业务收入

C.接受投资者投入资本

D.将损益类账户的余额结转“本年利润”账户

14.下列关于负债的表述中,正确的有(　　)。

A.负债是现时存在的,由过去的经济业务所产生的经济责任

B.负债是潜在存在的,由未来的经济业务所产生的经济责任

C.负债是能够用货币确切计量或合理估计的经济责任

D.负债需要在将来通过转让资产或提供劳务予以清偿

15.下列各项税金中,不通过“营业税金及附加”科目核算的有(　　)。

A.营业税　　B.个人所得税

C.增值税　　D.企业所得税

16.下列各项中,应逐日逐笔登记明细账的有(　　)。

A.应付账款　　B.库存商品

C.应收账款　　D.原材料

17.下列账户中,期末一般无余额的有(　　)。

A.营业税金及附加　　B.所得税费用

C.实收资本　　D.主营业务收入

18.下列各项中,不属于利润要素但属于所有者权益的会计科目有(　　)。

A.本年利润　　B.实收资本

C.资本公积　　D.盈余公积

19.企业预付货款采购物资,下列业务中,应当借记“预付账款”科目的有(　　)。

A.向供应单位预付款项　　B.收到所购物资确认物资成本

C.补付预付不足的货款　　D.收回多付的货款

20.下列有关会计核算和会计监督关系的表述中,正确的有(　　)。

A.两者之间密切相关、相辅相成、辩证统一

B.会计监督是会计核算的保障

C.会计监督与会计核算没有什么必然的关系

D.会计核算是会计监督的前提

三、判断题（每小题1分，共20分）

1.“生产成本”属于成本类科目,但属于费用要素。(　　)

2.科目汇总表的编制方法是:根据一定时期内的全部记账凭证,按照相同的会计科目分类,定期汇总出每一个会计科目的借方本期发生额和贷方本期

发生额。(　　)

3.对于发生的未达账项,要根据银行存款余额调节表及时进行有关账务处理。(　　)

4.记账凭证必须编号,如写错作废时,应加盖“作废”章并全部保存,不允许撕毁。(　　)

5.虽然企业、行政单位、事业单位、非营利组织等单位的经济业务各具特色,但其会计核算是相同的。(　　)

6.甲企业2014年9月售出一批商品给乙企业,合同规定乙企业应于当年12月支付货款。乙企业信用良好。甲企业确认该批商品销售收入的时间应为当年9月份。(　　)

7.一次凭证只反映一项经济业务,累计凭证可以反映若干项经济业务。(　　)

8.对会计事项的处理可以根据实际情况,拖延至后期或者提前到前期处理。(　　)

9.“收入-费用=利润”反映的是资金运动的动态方面,反映的是某一会计期间的经营成果,反映一个过程,是编制利润表的依据。(　　)

10.企业计提的固定资产折旧费用除了计入制造费用以外,都应该计入管理费用。(　　)

11.总分类科目是对会计要素具体内容进行总括分类和提供总括信息的会计科目。(　　)

12.汇总记账凭证账务处理程序的缺点之一是登记总分类账的工作量较大。(　　)

13.应收账款、预收账款是企业的债权,应付账款、预付账款是企业的债务。(　　)

14.每个企业都必须定期编制会计报表。(　　)

15.企业所负担的增值税、企业所得税等各项税费均应通过“营业税金及附加”科目核算。(　　)

16.企业采用实际成本核算原材料的,“原材料”科目借方登记入库材料的实际成本,贷方登记发出材料的实际成本,期末通常为借方余额,反映企业库存材料的实际成本。(　　)

17.发料凭证汇总表是一种汇总记账凭证。(　　)

18.资本公积的形成与企业净利润有关。(　　)

19.企业固定资产是指为生产商品、提供劳务、出租或经营管理而持有的,

使用寿命超过一个会计年度的有形资产。(　　)

20.企业购入甲材料409 300元,货款以银行存款支付401 300元,其余8 000元暂欠,该笔业务应编制一张转账凭证。(　　)

四、计算分析题(每小题10分,共20分)

1.XYZ公司20X5年7月20日至月末的银行存款日记账所记录的经济业务如下:

(1)20日,收到销货款转账支票8 800元 。

(2)21日,开出支票#05130,用以支付购入材料的货款20 000元 。

(3)23日,开出支票#05131,支付购料的运杂费1 000元。

(4)26日,收到销货款转账支票13 240元。

(5)28日,开出支票#05132,支付公司日常办公费用2 500元 。

(6)30日,开出支票#05133,支付下半年的房租9 500元。

(7)31日,银行存款日记账的账户余额为241 800元。

银行对账单所列XYZ公司7月20日至月末的经济业务如下:

(1)20日,结算XYZ公司的银行存款利息1 523元。

(2)22日,收到XYZ公司销售款转账支票8 800元。

(3)23日,收到XYZ公司开出的支票#05130,金额为20 000元。

(4)25日,为XYZ公司代付水电费3 250元。

(5)26日,收到XYZ公司开出的支票#05131,金额为1 000元。

(6)29日,为XYZ公司代收外地购货方汇来的货款5 600元。

(7)31日,银行对账单的存款余额为244 433元。

要求:根据上述资料,为XYZ公司编制银行存款余额调节表。

2.A公司为增值税一般纳税人,适用的增值税税率17%,所得税税率为25%,假定不考虑其他相关税费。A公司主要生产和销售甲产品,原材料按实际成本核算,在销售时逐笔结转销售成本。2015年度A公司相关经济业务和事项如下:

(1)2月10日,销售甲产品一批,增值税专用发票上注明的货款为600万元,增值税税额102万元。产品已经发出,货款和增值税已经收到并存入银行。该批产品的实际成本为300万元。

(2)本年生产产品领用原材料300万元,生产车间管理部门领用原材料60万元,企业管理部门领用原材料20万元。

(3)10月3日,销售原材料一批,该批原材料的实际成本为18万元,增值税专用发票上注明的货款为20万元，增值税税额为3.4万元，原材料已经发出，货款和增值税已经收到并存入银行。

(4)本年度用银行存款支付本期发生的广告费6万元、销售商品过程中发生的保险费14万元、计入当期损益的利息费用及银行手续费合计4万元。

(5)计算确认本年应交所得税53.75万元，假定不存在所得税纳税调整因素。

要求：逐笔编制A公司上述业务和事项的会计分录。(答案中的金额单位用万元)

※参考答案：

一、单项选择题

1~5.DABDA　6~10.AABDD　11~15.BAACB　16~20.CCDAC

二、多项选择题

1.ABCD　2.AC　3.ACD　4.BD　5.BC　6.ACD　7.ABCD　8.AB
9.CD　10.ABCD　11.BCD　12.BD　13.BC　14.ACD　15.BCD
16.ABCD　17.ABD　18.BCD　19.AC　20.ABD

三、判断题

1~5.×√×××　6~10.√××√×　11~15.√××√×
16~20.√××√×

四、计算分析题

1.

银行存款余额表

20X5年7月31日　单位：元

项目	金额	项目	金额
企业银行存款日记账余额	241 800	银行对账单余额	244 433
加：银行已收，企业未收款项	7 123	加：企业已收，银行未收款项	13 240
减：银行已付，企业未付款项	3 250	减：企业已付，银行未付款项	12 000
调节后的存款余额	245 673	调节后的存款余额	245 673

2.

(1)借：银行存款　702

　贷：应交税费——应交增值税(销项税额)　102

主营业务收入　　600

借：主营业务成本　　300

贷：库存商品　　300

(2)借：生产成本　　300

制造费用　　60

管理费用　　20

贷：原材料　　380

(3)借：银行存款　　23.4

贷：应交税费——应交增值税(销项税额)　　3.4

其他业务收入　　20

借：其他业务成本　　18

贷：原材料　　18

(4)借：销售费用　　20

财务费用　　4

贷：银行存款　　24

(5)借：所得税费用　　53.75

贷：应交税费——应交所得税　　53.75

试题五

一、单项选择题（每小题1分，共20分）

1. 下列会计科目中，核算企业收到投资者出资额超过其在注册资本中所占份额的部分是（　　）。

A. 实收资本　　B. 资本公积

C. 盈余公积　　D. 营业外收入

2. 下列选项中，不属于复式记账法的是（　　）。

A. 收付记账法　　B. 正负记账法

C. 增减记账法　　D. 借贷记账法

3. 下列关于所有者权益科目的表述中，正确的是（　　）。

A. 增加记借方　　B. 增加记贷方

C. 减少记贷方　　D. 期末无余额

4. 下列关于记账凭证账务处理程序、汇总记账凭证账务处理程序和科目汇总表账务处理程序一般步骤的表述中，不属于三者共有的步骤是（　　）。

A. 根据记账凭证登记总分类账

B. 根据原始凭证、汇总原始凭证和记账凭证，登记各种明细分类账

C. 期末，库存现金日记账、银行存款日记账和明细分类账的余额同有关总分类账的余额核对相符

D. 期末，根据总分类账和明细分类账的记录，编制财务报表

5. 甲企业向银行借款20万元存入银行，下列关于甲公司资产、负债和所有者权益变化的表述中，正确的是（　　）。

A. 负债增加，所有者权益减少　　B. 资产增加，所有者权益增加

C. 资产增加，负债增加　　D. 资产增加，负债减少

6. 下列各项中，属于科目汇总表账务处理程序与汇总记账凭证账务处理程序共同优点的是（　　）。

A. 保持科目之间的对应关系　　B. 简化总分类账登记工作

C. 进行所有科目余额的试算平衡　　D. 总括反映同类经济业务

7. 小王出差回来报销差旅费2 600元，原借3 000元，交回多余现金400元。

下列关于报销业务的会计分录中,正确的是(　　)。

A.借:库存现金　　400

　　管理费用　　2 600

　　贷:银行存款　　3 000

B.借:库存现金　　400

　　管理费用　　2 600

　　贷:其他应收款　　3 000

C.借:管理费用　　3 000

　　贷:其他应收款　　3 000

D.借:管理费用　　3 000

　　贷:应收账款　　3 000

8.下列余额表示方法中,错误的是(　　)。

A.￥508.00　　B.￥86.07

C.人民币伍拾陆元捌角伍分整　　D.人民币柒拾陆元整

9.下列各项中,属于以货币表现的经济活动的是(　　)。

A.资产运动　　B.货币运动

C.营销活动　　D.资金运动

10.某企业只生产和销售甲产品,4月份发生以下费用:领用材料6万元,生产工人工资2万元,制造费用1万元,总部行政管理部门物料消耗1.5万元,专设销售机构固定资产折旧费0.8万元。假定甲产品当月投产当月完工,也无期初在产品,则该企业4月份的完工甲产品的生产成本为(　　)万元。

A.8　　B.9

C.10.5　　D.11.3

11.登记账簿过程中,每一账页的最后一行及下一页第一行都要办理转页手续,下列关于这种做法主要目的的表述中,正确的是(　　)。

A.便于查账　　B.防止遗漏

C.防止隔页　　D.保持账簿记录的连续性

12.会计核算工作的起点是(　　)。

A.登记会计账簿

B.合法地取得、正确地填制和审核会计凭证

C.进行财产清查

D.编制财务报表

13.企业以银行存款偿还所欠货款,下列表述中,正确的是(　　)。

A.资产项目之间此增彼减

B.权益项目之间此增彼减

C.资产项目和权益项目同增

D.资产项目和权益项目同减

14.下列各项中,不属于非流动负债科目的是(　　)。

A.长期借款　　B.应付债券

C.长期应付款　　D.应付账款

15.下列各项中,不属于总分类科目的是(　　)。

A.销售费用　　B.应收账款

C.辅助材料　　D.工程物资

16.下列各项中,不属于利润表项目的是(　　)。

A.营业成本　　B.其他业务收入

C.营业外收入　　D.所得税费用

17.下列报表中,属于对内会计报表的是(　　)。

A.资产负债表　　B.产品生产成本表

C.利润表　　D.现金流量表

18.下列各项中,不属于损益类账户的是(　　)。

A.主营业务收入　　B.营业外收入

C.所得税费用　　D.应付职工薪酬

19.企业因计量不准造成的产品盘亏,报经批准后,应借记(　　)科目。

A.库存商品　　B.待处理财产损益

C.管理费用　　D.营业外支出

20.根据会计科目设置的、具有一定格式和结构、用于分类反映会计要素增减变动情况及其结果的载体是(　　)。

A.账户　　B.账簿

C.记账凭证　　D.财务报表

二、多项选择题(每小题2分,共40分)

1.企业每月月末计提短期借款利息时,应(　　)科目。

A.借记财务费用　　B.贷记财务费用

C.借记应付利息　　D.贷记应付利息

2.资产负债表编制的依据有(　　)。

A.总账　　B.明细账

C.备查登记簿　　D.年度资产负债表

3.在资产负债表中,负债分为(　　)。

A.流动资产　　B.流动负债

C.非流动负债　　D.预计负债

4.下列关于会计基本假设的表述中,正确的有(　　)。

A.会计主体确立了会计核算的空间范围

B.持续经营与会计分期确立了会计核算的时间长度

C.货币计量为会计核算提供了必要手段

D.没有会计主体,就不会有持续经营;没有持续经营,就不会有会计分期;没有货币计量,就不会有现代会计

5.下列各项中,属于账账核对常见做法的有(　　)。

A.核对所有总账的借方发生额合计与贷方发生额合计是否相符

B.核对总账余额与所属明细账余额合计是否相符

C.核对库存现金日记账与银行存款日记账余额分别与其总账余额是否相符

D.核对银行存款日记账与银行对账单是否相符

6.(　　)统称为留存收益。

A.利润　　B.未分配利润

C.资本公积　　D.盈余公积

7.下列各项中,属于银行存款对账时未达账项的有(　　)。

A.银行已收账入账,企业未收款入账

B.企业未付款入账,银行已付款入账

C.企业未付款入账,银行也未付款入账

D.银行已收款入账,企业也已收款入账

8.企业向投资者分配利润时,应(　　)科目。

A.借记“盈余公积”　　B.贷记“利润分配”

C.借记“利润分配”　　D.贷记“应付股利”

9.企业预付款项采购物资,下列业务中,应当贷记“预付账款”科目的有(　　)。

A.向供应单位预付款项　　B.收到所购物资确认物资成本

C.补付预付不足的货款　　D.收回多余的货款

10.下列关于“本年利润”科目的表述中,正确的有(　　)。

A.“本年利润”属于所有者权益类科目

B.“本年利润”属于损益类科目

C.“本年利润”科目不会出现借方余额

D.将“本年利润”结转至“利润分配——未分配利润”不影响所有者权益

11.下列各项中,属于可能导致账实不符原因的有(　　)。

A.在收发过程中,由于计量、检验不准确,造成多收或少收的差错

B.在账簿记录上发生重记、漏记、错记

C.由于管理不善或工作人员的失职而发生的财产损坏、丢失和被盗

D.在财产储存、保管过程中发生的自然损耗

12.下列关于原始凭证审核内容的表述中,正确的有(　　)。

A.原始凭证所记录的经济业务是否符合有关的计划和预算

B.原始凭证的内容是否齐全

C.原始凭证各项金额的计算及填写是否正确

D.原始凭证的填制是否及时

13.下列会计科目中,属于非流动负债的有(　　)。

A.长期借款　　B.长期应付款

C.应付债券　　D.其他应付款

14.下列各项中,属于财产清查结果处理步骤的有(　　)。

A.核准数字,查明原因　　B.调整凭证,做到账实相符

C.调整账簿,做到账实相符　　D.进行批准后的账务处理

15.下列各种账簿中,属于出纳人员可以登记和保管的有(　　)。

A.库存现金日记账　　B.银行存款日记账

C.库存现金总账　　D.银行存款总账

16.下列属于企业存货的有(　　)。

A.库存商品　　B.在途物资

C.周转材料　　D.委托加工物资

17.下列关于“材料采购”账户的表述中,正确的有(　　)。

A.借方登记采购材料的实际成本,贷方登记入库材料的计划成本

B.贷方大于借方表示节约,从“材料采购”科目的借方转入“材料成本差异”科目的贷方

C.借方大于贷方表示超支,从“材料采购”科目的贷方转入“材料成本差

异”科目的借方

D.期末余额为借方余额,反映企业在途材料的采购成本

18.下列关于原始凭证的说法中,正确的有(　　)。

A.职工公出借款凭据,必须附在记账凭证之后

B.职工公出借款凭据,收回借款时,应当另开收据或者退还借据副本,不得退还原借款凭据

C.经上级有关部门批准的经济业务,应当将批准文件作为原始凭证附件

D.经上级有关部门批准的经济业务,如果批准文件需要单独归档,则应当在凭证上注明文件的批准机关名称、日期和文号

19.在银行存款余额调节表上,应调节企业银行存款日记账余额栏的未达账项有(　　)。

A.企业已收、银行未收的款项　　B.企业已付、银行未付的款项

C.银行已收、企业未收的款项　　D.银行已付、企业未付的款项

20.下列各项中,不属于会计等式的有(　　)。

A.资产+所有者权益=负债　　B.资产+负债=所有者权益

C.资产=负债+所有者权益　　D.收入-费用=利润

三、判断题(每小题1分,共20分)

1.会计分期是指将一个会计主体持续经营的生产经营活动划分为一个个连续的、长短相同的期间,以便分期结算账目和编制财务会计报告。(　　)

2.企业的会计工作主要是通过一系列会计程序,积极参与企业经营管理决策,并对企业的经济活动和财务收支进行核算和监督。(　　)

3.营业外支出属于会计“费用”要素的内容。(　　)

4.填制原始凭证时,汉字大写金额数字一律用正楷或草书书写。(　　)

5.会计主体假设要求甲企业只能核算甲企业的经济业务,包括甲企业股东投入甲企业的股本,但不能把甲企业股东个人的收入、支出作为甲企业的收入、支出核算。(　　)

6.自制原始凭证都应由会计人员填制,以保持原始凭证填制的正确性。(　　)

7.账户式结构指的是资产负债表按上下顺序依次排列资产、负债及所有者权益项目。(　　)

8.当月增加的固定资产,从下月起计提折旧;当月减少的固定资产,从下月起不再计提折旧。(　　)

9.企业的利得和损失应直接计入所有者权益。(　　)

10.会计核算是会计监督的基础,没有会计核算,会计监督就失去了依据。(　　)

11.费用类账户的结构与资产类账户的结构完全相同。(　　)

12.过去的交易或事项是指企业在过去的一个时期里,计划在未来一个时期从银行提取现金、购买股票、计发工资等业务活动。(　　)

13.企业应当在资产负债表日对应收款项的账面价值进行检查,有客观证据表明该应收款项发生减值的,应当将该应收款项的账面价值减记至预计未来现金流量现值,减记的金额确认减值损失,计提坏账准备。(　　)

14.编制试算平衡表时,只有期初余额而没有本期发生额的科目也应当包括在内。(　　)

15.总分类科目反映各种经济业务的总括情况。(　　)

16.企业财产的定期清查一般在期末进行,可以是全面清查,也可以是局部清查。(　　)

17.可变现净值既可以用于对存货的计量,也可以用于对可供出售金融资产的计量。(　　)

18.年度终了,企业应将“本年利润”科目的本年累计余额转入“利润分配——未分配利润”科目。(　　)

19.对实物财产清查时,既要清查数量又要检验质量。(　　)

20.现代会计不再局限于记账、算账等一些基础的会计工作,还需要参与企业的经营管理,进行经营决策,因此会计人员也是管理工作者。(　　)

四、计算分析题(每小题10分,共20分)

1.甲公司的有关资料如下:

(1)现金盘盈900元,原因待查。

(2)现金盘盈原因无法查明,报经有关部门批准后进行会计处理。

(3)原材料盘亏1 420元,原因待查。

(4)经查明,原材料盘亏属于正常损失,报经有关部门批准后进行会计处理。

(5)盘盈一台未入账的设备,该设备市场价格为8 600元,估计的新旧程度为九成新。则作为前期会计差错记入“以前年度损益调整”账户的金额为(　　)元。

要求:根据上述资料(1)~(4),逐笔编制甲公司的会计分录,并计算资料

(5)的金额。

2. 甲公司2015年有关损益类科目的年末余额如下：主营业务收入800万元，主营业务成本350万元，营业税金及附加13万元，销售费用67万元，管理费用40万元。其他业务资料如下：年末一次性结转损益类科目，适用的所得税税率为25%，假定不存在纳税调整事项，按当年净利润的10%提取法定盈余公积，宣告向投资者分配利润40万元。

要求：

(1)编制甲公司年末结转各损益类科目余额的会计分录(单位：万元)。

(2)计算甲公司2015年应交所得税金额。

(3)编制甲公司确认并结转所得税费用的会计分录(单位：万元)。

(4)编制甲公司将"本年利润"科目余额转入"利润分配——未分配利润"科目的会计分录(单位：万元)。

(5)编制甲公司提取法定盈余公积和宣告分配利润的会计分录(单位：万元)。

※参考答案：

一、单项选择题

1~5. BBBAC　6~10. BBCDB　11~15. DBDDC　16~20. BBDCA

二、多项选择题

1. AD　2. AB　3. BC　4. ABCD　5. BC　6. BD　7. AB　8. CD　9. BD

10. AD　11. ABCD　12. ABCD　13. ABC　14. ABCD　15. AB

16. ABCD　17. ABCD　18. ABCD　19. CD　20. AB

三、判断题

1~5. √√××√　6~10. ××√×√　11~15. ××√√√

16~20. √×√√√

四、计算分析题

1.

(1)借：库存现金　900

　　贷：待处理财产损益——待处理流动资产损益　900

(2)借：待处理财产损益——待处理流动资产损益　900

　　贷：营业外收入　900

(3)借:待处理财产损益——待处理流动资产损益　　1 420
　　贷:原材料　　1 420
(4)借:管理费用　　1 420
　　贷:待处理财产损益——待处理流动资产损益　　1 420
(5)8 600×90%×(1－25%)=5 805(元)
2.(1)借:主营业务收入　　800
　　　贷:本年利润　　800
　　借:本年利润　　470
　　　贷:主营业务成本　　350
　　　　营业税金及附加　　13
　　　　销售费用　　67
　　　　管理费用　　40
(2)应交所得税＝(800－470)×25%＝82.5(万元)。
(3)借:所得税费用　　82.5
　　贷:应交税费——应交所得税　　82.5
　借:本年利润　　82.5
　　贷:所得税费用　　82.5
(4)借:本年利润　　247.5
　　贷:利润分配——未分配利润　　247.5
(5)借:利润分配——未分配利润　　24.75
　　贷:盈余公积——法定盈余公积　　24.75
　借:利润分配——未分配利润　　40
　　贷:应付股利　　40

试题六

一、单项选择题（每小题1分，共20分）

1.下列各项经济活动中，不属于企业资金退出的是(　　)。

A.偿还借款　　B.上交税金

C.发放工资　　D.向投资者分配利润

2.下列不属于实地盘点实物资产的技术方法的是(　　)。

A.逐一盘点法　　B.测量计算盘点法

C.技术推算法　　D.抽样盘点法

3.对贵重物资一般要经常进行(　　)清查，至少应每月清查盘点一次。

A.局部　　B.全面

C.不定期　　D.非重点

4.原始凭证的真实性审查不包括(　　)。

A.原始凭证日期、业务内容、数据是否真实

B.外来原始凭证是否有填制单位公章和填制人员签章

C.自制原始凭证是否有经办部门和经办人员的签章

D.所记录的经济业务是否有违反国家法律法规的问题

5.期间费用不包括(　　)。

A.管理费用　　B.财务费用

C.制造费用　　D.销售费用

6.下列不属于账簿按用途分类的是(　　)。

A.序时账簿　　B.分类账簿

C.订本账簿　　D.备查账簿

7.汇总转账凭证是指按(　　)分别设置，用来汇总一定时期转账业务的一种汇总记账凭证。

A.每一个借方科目　　B.每一个非现金科目

C.每一个贷方科目　　D.银行存款科目

8.下列不属于自制原始凭证的是(　　)。

A.入库单　　B.累计凭证

C.火车票　　　　　　　　　　D.汇总凭证

9.下列各项中,不属于资产要素基本特点的是(　　)。

A.资产由企业过去的交易或事项形成

B.必须是有形资产

C.预期会给企业带来经济利益

D.由企业拥有或控制

10.下列选项中,不属于资本的是(　　)。

A.实收资本　　　　　　　　　B.股本

C.资本公积　　　　　　　　　D.盈余公积

11.下列不属于实际工作中常用的账务处理程序的是(　　)。

A.记账凭证账务处理程序　　　B.科目汇总表账务处理程序

C.汇总记账凭证账务处理程序　D.日记账账务处理程序

12.下列项目中,不属于备查账簿的是(　　)。

A.住房公积金登记簿　　　　　B.租入固定资产登记簿

C.受托加工材料登记簿　　　　D.固定资产卡片

13.下列不属于错账更正方法的是(　　)。

A.涂改法　　　　　　　　　　B.划线更正法

C.红字更正法　　　　　　　　D.补充登记法

14.按照规定,记账凭证可以不附原始凭证的情形是(　　)。

A.提取现金　　　　　　　　　B.结账

C.发放工资　　　　　　　　　D.将现金存入银行

15.总分类账户与明细分类账户平行登记的要点不包括(　　)。

A.依据相同　　　　　　　　　B.期间相同

C.方向相反　　　　　　　　　D.金额相等

16.会计的两项基本职能是相辅相成、辩证统一的关系,下列说法不正确的是(　　)。

A.会计监督是会计核算的基础

B.会计监督是会计核算的质量保证

C.没有会计核算提供的信息,会计监督就失去了依据

D.会计还具有预测经济前景、参与经济决策、评价经营业绩的功能

17.在设置会计科目时,应当遵守一定的原则,下列不属于这一原则的是(　　)。

A.真实性　　B.合法性

C.相关性　　D.实用性

18.下列不属于账账核对的是(　　)。

A.总账各账户的借方发生额合计与贷方发生额合计核对

B.总账账户余额与所属明细账余额合计核对

C.库存现金日记账和银行日记账余额分别与其总账账户余额核对

D.银行存款日记账与银行对账单核对

19.在编制试算平衡表时,下列表述不正确的是(　　)。

A.必须保证所有账户的余额均已记入试算平衡表

B.只要试算平衡,就说明账户记录正确无误

C.如果试算不平衡,账户记录肯定有错误,应该认真查找,直到平衡为止

D.即使试算平衡,也不能说明账户记录绝对正确

20.下列各项中,不属于会计凭证在经济管理中的作用的是(　　)。

A.记录经济业务,提供记账依据

B.明确经济责任,强化内部控制

C.监督经济活动,控制经济运行

D.编制会计报表,输出会计信息

二、多项选择题（每小题2分，共40分）

1.下列业务中,不填制库存现金收款凭证的有(　　)。

A.出售材料一批,款未收

B.从银行提取现金

C.出租设备,收到一张转账支票

D.报废一台电脑,出售残料收到现金

2.限额领料单不属于(　　)。

A.外来原始凭证　　B.累计凭证

C.一次凭证　　D.汇总凭证

3.固定资产明细账一般不采用(　　)账簿。

A.活页式　　B.订本式

C.多栏式　　D.卡片式

4.下列对账工作中,不属于账实核对的有(　　)。

A.总分类账与所属的明细分类账核对

B.总分类账与日记账核对

C.企业银行存款日记账与银行对账单核对

D.会计部门的财产物资明细账与财产物资保管部门的有关明细账核对

5.甲公司月末计算本月车间使用的机器设备等固定资产的折旧费7 000元，下列会计分录不正确的有（　　）。

A.借:生产成本　　7 000
　　贷:累计折旧　　7 000

B.借:制造费用　　7 000
　　贷:累计折旧　　7 000

C.借:管理费用　　7 000
　　贷:累计折旧　　7 000

D.借:制造费用　　7 000
　　贷:固定资产　　7 000

6.某企业购进原材料5 000元(假设不考虑增值税)，其中3 000元已用银行存款支付，余额暂欠。关于该项经济业务应做的一笔会计分录，下列不正确的有（　　）。

A.一借一贷　　B.多借多贷

C.一借多贷　　D.一贷多借

7.下列项目中，不属于所有者权益的有（　　）。

A.长期借款　　B.银行存款

C.长期股权投资　　D.未分配利润

8.下列属于汇总原始凭证的有（　　）。

A.发料凭证汇总表　　B.限额领料单

C.差旅费报销单　　D.工资结算汇总表

9.用现金支付职工的医药费78元，会计人员编制的会计分录如下，并已登记入账：

借:应付职工薪酬　　87
　　贷:库存现金　　87

下列更正的方法中，不正确的有（　　）。

A.重新编制正确凭证　　B.红字更正法

C.划线更正法　　D.补充登记法

10.库存现金日记账应定期结出发生额和余额，并与库存现金核对。下列期限中不正确的有（　　）。

A.每月　　　　　　　　　　B.每15天

C.每隔三至五天　　　　　　D.每日

11.企业接受甲公司追加投资一台不需安装的设备,价值50 000元(假设不考虑增值税),下列会计分录不正确的有(　　)。

A.借:固定资产　　50 000
　　贷:实收资本　　50 000

B.借:制造费用　　50 000
　　贷:实收资本　　50 000

C.借:固定资产　　50 000
　　贷:资本公积　　50 000

D.借:固定资产　　50 000
　　贷:盈余公积　　50 000

12.某企业原材料总分类账户的本期借方发生额为25 000元,贷方发生额为24 000元,其有关明细分类账户的发生额分别为:甲材料本期借方发生额8 000元,贷方发生额6 000元;乙材料借方发生额13 000元,贷方发生额16 000元,则下列有关丙材料的本期借方和贷方发生额不正确的有(　　)。

A.借方发生额为12 000元,贷方发生额为2 000元

B.借方发生额为4 000元,贷方发生额为2 000元

C.借方发生额为4 000元,贷方发生额为10 000元

D.借方发生额为6 000元,贷方发生额为8 000元

13.财务报表编制的基本要求有(　　)。

A.以持续经营为基础编制

B.各项目之间的金额尽量抵消、简化

C.至少按年编制

D.项目列报遵守重要性原则

14.下列属于总账科目的有(　　)。

A.原材料　　　　　　　　　B.甲材料

C.应付账款　　　　　　　　D.应收账款

15.记账凭证账务处理程序一般不适用的企业有(　　)。

A.规模较大、经济业务比较复杂的企业

B.规模不大,但经济业务比较复杂的企业

C.规模不大、经济业务比较简单的企业

D.中型工业企业

16.“生产成本”“制造费用”等成本费用类明细账一般不采用(　　)账页。

A.三栏式　　B.借方多栏式

C.数量金额式　　D.贷方多栏式

17.某企业月初的短期借款为50万元,本月向银行借入3个月的借款10万元,归还以前的短期借款20万元,则本月末短期借款的余额不正确的有(　　)。

A.贷方30万元　　B.借方40万元

C.贷方40万元　　D.借方30万元

18.下列不属于我国目前广泛使用的复式记账法的有(　　)。

A.增减记账法　　B.收付记账法

C.借贷记账法　　D.反收付记账法

19.下列属于流动负债的有(　　)。

A.应交税费　　B.应付及预收款项

C.短期借款　　D.应付债券

20.由于汇总转账凭证是按每一贷方科目设置的,为了便于汇总,编制转账的记账凭证可以是(　　)。

A.“一借一贷”的会计分录　　B.“一贷多借”的会计分录

C.“一借多贷”的会计分录　　D.“多借多贷”的会计分录

三、判断题(每小题1分,共20分)

1.会计的监督职能就是对特定对象经济业务的真实性、合法性和合理性进行审查。(　　)

2.会计科目是对会计对象的基本分类,是会计核算对象的具体化。(　　)

3.总分类账户与明细分类账户的主要区别在于记录经济业务的详细程度不同。(　　)

4.将资本公积转增资本的经济业务使得企业的所有者权益一增一减。(　　)

5.原始凭证按填制方法不同,分为通用凭证和专用凭证。(　　)

6.企业采用重置成本、可变现净值、现值和公允价值计量的,应当保证所确定的会计要素金额能够取得并可靠计量。(　　)

7.一般地,负债类账户的本期减少数和期末余额分别反映在借方和贷方。(　　)

8.在会计核算的基本前提中,确定会计核算空间范围的是持续经营。(　　)

9.出纳人员在办理收款或付款后,应当在凭证上加盖“收讫”或“付讫”的戳记,以避免重收重付。(　　)

10.会计要素就是会计报表构成的基本要素,同时也是设置账户的依据。(　　)

11.凡是在结账前发现记账凭证正确而登记账簿时发生错误的,可用划线更正法更正。(　　)

12.各种账务处理程序之间的主要区别在于登记总账的依据和程序不同。(　　)

13.在借贷记账法下,账户的哪一方登记增加额(或减少额)是由账户的结构决定的。(　　)

14.记账凭证账务处理程序、汇总记账凭证账务处理程序和科目汇总表账务处理程序的一般步骤中,都包括根据科目汇总表登记总分类账。(　　)

15.差旅费报销单按填制的手续及内容分类,属于原始凭证中的汇总凭证。(　　)

16.审核无误的会计凭证是登记账簿的依据。(　　)

17.根据“资产=负债+所有者权益”这一会计公式,一项会计要素的变动,必然会引起另一项会计要素的等额变动。(　　)

18.会计凭证按其填制的程序和用途的不同,分为原始凭证和记账凭证。(　　)

19.由具有一定格式的账页组成,以审核无误的会计凭证为依据,全面、系统、连续地记录各项经济业务的簿籍称为会计账户。(　　)

20.现金流量表是反映企业在一定会计期间经营成果的会计报表。(　　)

四、计算分析题(每小题10分,共20分)

1.已知X公司2015年末资产负债表如下:

资产负债表

2015年12月31日　单位:元

资产	期末数	年初数	负债及所有者权益	期末数	年初数
流动资产:		(略)	流动负债:		(略)
货币资金	463 280		短期借款	400 000	
应收票据	364 990		应付票据	108 400	
应收账款	633 530		应付账款	215 200	

续表

资产	期末数	年初数	负债及所有者权益	期末数	年初数
预付账款	153 000		预收账款	163 000	
其他应收款	4 100		应付职工薪酬	103 000	
存货	(1)		应交税费	20 430	
其他流动资产			应付利息	4 000	
流动资产合计	2 087 000		流动负债合计	978 430	
非流动资产:			非流动负债:		
固定资产	2 531 700		长期借款		
无形资产	500 000		应付债券		
长期待摊费用			负债合计	(2)	
其他非流动资产			所有者权益:		
			实收资本	2 750 000	
			资本公积	(3)	
			盈余公积	635 800	
			未分配利润	244 470	
非流动资产合计	(4)		所有者权益合计	4 140 270	
资产总计	(5)		负债及所有者权益总计	5 118 700	

要求:请填写完成上表(1)~(5)中的数据。

2. 甲公司会计人员在结账前进行对账时,发现企业所做的部分账务处理如下:

(1)按照工程的完工进度结算建造固定资产的工程价款130 000元,款项以银行存款支付,编制的会计分录为:

借:固定资产　　130 000
　　贷:库存现金　　130 000

(2)公司发生业务招待费330 000元,编制的会计分录为:

借:财务费用　　330 000
　　贷:银行存款　　330 000

(3)用现金支付办公室人员福利费39 000元,编制的会计分录为:

借:销售费用　　39 000
　　贷:库存现金　　39 000

(4)计提车间生产用固定资产折旧19 000元,编制的会计分录为:

借:管理费用　　　　　　　　　　19 000

　　贷:累计折旧　　　　　　　　　　19 000

(5)用现金支付工人工资300 000元(已计入应付职工薪酬),编制的会计分录为:

借:管理费用　　　　　　　　　　30 000

　　贷:库存现金　　　　　　　　　　30 000

要求:企业原账务处理均错误,请写出正确的会计分录。

※参考答案:

一、单项选择题

1~5.CCADC　6~10.CCCBD　11~15.DDABC　16~20.AADBD

二、多项选择题

1.ABC　2.ACD　3.ABC　4.ABD　5.ACD　6.ABD　7.ABC

8.ACD　9.ACD　10.ABC 11.BCD　12.ACD　13.ACD　14.ACD

15.ABD 16.ACD　17.ABD　18.ABD　19.ABC　20.AB

三、判断题

1~5.√×√√×　6~10.√√×√×　11~15.√√××√

16~20.√×√××

四、计算分析题

1.

(1)存货=2 087 000－463 280－364 990－633 530－153 000－4 100=468 100(元)

(2)负债合计=978 430(元)

(3)资本公积=4 140 270－2 750 000－635 800－244 470=510 000(元)

(4)非流动资产合计=2 531 700＋500 000=3 031 700(元)

(5)资产总计=5 118 700(元)

2.

(1)借:在建工程　　　　　　　　　　130 000

　　贷:银行存款　　　　　　　　　　130 000

(2)借:管理费用　　　　　　　　　　330 000

　　贷:银行存款　　　　　　　　　　330 000

(3)借:应付职工薪酬　　　　　　　　39 000

　　贷:库存现金　　　　39 000

(4)借:制造费用　　　　19 000

　　贷:累计折旧　　　　19 000

(5)借:应付职工薪酬　　　　300 000

　　贷:库存现金　　　　300 000